CASAS COMO MUSEUS

NARRATIVAS DE PROFESSORES DE ARTE

Catalogação na Fonte
Elaborado por: Dayanne Leal Souza
Bibliotecária CRB 9/2162

A848c
2024

Assis, Henrique Lima
Casas como museus: narrativas de professores de arte / Henrique Lima Assis. – 1. ed. – Curitiba: Appris, 2024.
145 p. : il. ; 23 cm. – (Coleção Ciências Sociais).

Inclui referências.
ISBN 978-65-250-6513-7

1. Museus casas. 2. Educação artística. 3. Professores de arte.
I. Assis, Henrique Lima. II. Título. III. Série.

CDD – 372.5

Livro de acordo com a normalização técnica da ABNT

Appris editora

Editora e Livraria Appris Ltda.
Av. Manoel Ribas, 2265 – Mercês
Curitiba/PR – CEP: 80810-002
Tel. (41) 3156 - 4731
www.editoraappris.com.br

Printed in Brazil
Impresso no Brasil

Henrique Lima Assis

CASAS COMO MUSEUS

NARRATIVAS DE PROFESSORES DE ARTE

Appris editora

Curitiba, PR

2024

PREFÁCIO

A gente descobre que o tamanho das coisas
há que ser medido pela intimidade que temos com as coisas.
Há de ser como acontece com o amor.
Assim, as pedrinhas do nosso quintal são sempre maiores
do que as outras pedras do mundo.
Justo pelo motivo da intimidade.
Manoel de Barros

O encantamento de Henrique com uma pintura de sua tia Neusa na casa de seus avós, em Brasília, acende o sonho de ser pintor, levando-o, mais tarde, à intuição de que a educação estética se estabelece *no universo íntimo de nossas casas.*

Menino curioso percorre as ruas de Jataí, sua cidade natal, procurando vislumbrar os objetos que adornam os interiores das casas, atento às cores das geladeiras Climax, aos bibelôs nas estantes, aos enfeites de porcelana nas paredes... Os vegetais na horta de seu pai são desenhos coloridos, assim como as flores do jardim da mãe são pinturas. Anuncia um olhar de pintor que a escola não acolhe, fazendo-o pintar desenhos mimeografados, sem atenção à individualidade dos seus desejos. Ainda assim, guarda com afeto seu caderno de desenho, relembrando com prazer das páginas de papel de seda que antecediam cada desenho mimeografado. A primeira vez que ganha "seu dinheirinho", vendendo "*big bem*" na rodoviária, ao invés de gastar com um brinquedo, compra pássaros de porcelana para enfeitar a parede da casa paterna.

Em *Un Manual para ser niño*, Gabriel García Márquez propõe que "*si a un ñino se le pone a frente una serie de joguetes diversos, terminará por quedar-se con uno que le guste más. Creo que esa preferencia no es casual, sino que revela en el ñino una vocación y una aptitud que tal vez pasarian inadvertidas para sus padres despistados y sus fatigados maestros*".

Seguindo a narrativa de Henrique, podemos ver, com clareza, a vocação anunciada na infância encontrar ressonância quando a abertura do Museu de Arte Contemporânea permite que comece a exercitar o prazer de pintar com tintas e pincéis, assim como a apreciação de obras de artistas regionais. Do museu para a graduação e o mestrado na Faculdade de Artes Visuais na Universidade Federal de Goiás parece seguir um caminho consequente e coerente com seus interesses iniciais. Quando decide se encaminhar para o doutorado na Faculdade de Educação da Unicamp, transforma a curiosidade infantil pelos interiores das casas em pergunta de pesquisa: *O que dizem os objetos que habitam as casas dos professores de arte?*

Nos primeiros exercícios entrevistando professores de Campinas parece habitar terra estrangeira e se surpreende com um idioma desconhecido. São, no entanto, exercícios para afinar os instrumentos de pesquisa e ajustar o foco. Quando decide voltar a Jataí e entrevistar as três únicas professoras de artes visuais da cidade, à época de menino, volta ao território onde nasceu sua pergunta. A intimidade facilita o desenrolar das narrativas e promove a iniciação do pesquisador.

A pesquisa que resultou na tese de doutorado em educação "Casas como museus: narrativas afetivas de professores de Artes Visuais" vem a público neste livro com ajustes próprios à passagem do tempo (8 anos desde a defesa) e das novas experiências vividas pelo autor.

Os diferentes movimentos do menino encantado com a pintura de sua tia, seu envolvimento com o *fazer* e *apreciar* arte no Museu de Arte Contemporânea, a mudança para Goiânia para estudar e trabalhar e, mais tarde, para o doutorado em Campinas, culminando com o retorno à cidade natal como professor doutor concursado da Universidade Federal de Jataí, me levam a refletir sobre a jornada do herói.

Na semelhança entre os diferentes mitos do herói identificamos a expressão da mesma estrutura presente em todos os ritos de passagem: *separação-iniciação-retorno.*

Henrique insiste em usar a palavra transformação quando se refere às experiências que o levaram à docência universitária, indicando que passou por um processo de iniciação.

Campbell descreve o herói como aquele que, aceitando o chamado para a aventura, se encaminha em direção de algo mais distante, mais profundo ou mais alto, para conquistar o que lhe faltava no mundo que habitava. Em sua jornada, depara-se com dificuldades que testam sua vocação, mas encontra figuras tutelares que o auxiliam em cada etapa do percurso e, finalmente, enfrenta o problema do retorno e da reintegração à sociedade à qual pertencia.

Por acaso, ou por obra da sincronicidade que rege nossos destinos, a publicação do livro coincide com o início da carreira de Henrique Lima Assis como professor doutor responsável pelas disciplinas Arte e Educação I e II do curso de Pedagogia da Faculdade de Educação da Universidade Federal de Jataí.

Este livro é celebração e presente a Jataí, onde nutriu sua curiosidade de menino e para onde retorna para compartilhar suas conquistas...

...as pedrinhas do nosso quintal são sempre maiores do que as outras pedras do mundo. Justo pelo motivo da intimidade.

Ana Angélica Albano
Outono de 2024

SUMÁRIO

PARA INICIAR NOSSA TRAVESSIA: QUAIS EXPERIÊNCIAS TRANSFORMAM UMA PESSOA EM UM PROFESSOR DE ARTE?

> *CASA VELHA DA PONTE... Olho e vejo tua ancianidade vigorosa e sã. Revejo teu corpo patinado pelo tempo, marcado das escaras da velhice. Desde quando ficaste assim?*
>
> *Eu era menina e você já era a mesma, de paredes toscas, de beiradão desusado e feio, onde em dias de chuva se encolhiam as cabras soltas da cidade. Portais imensos para suas paredes rudes de barrotins e enchimento em lances sobrepostos salientes.*
>
> *Folhas de portas pesadas de árvores fortes descomunais serradas a mão, unidas e aparelhadas, levantadas para a entrada e saída de gigantes homens feros, duros restos de bandeira. Fechaduras anacrônicas, chavões de broca, gonzos rangentes de feitio estranho e pregos quadrados.*
>
> *MINHA CASA VELHA DA PONTE... assim a vejo e conto, sem datas e sem assentos. Assim a conheci e canto com minhas pobres letras. Desde sempre. Algum dia cerimonial foste casa nova, num tempo perdido do passado, quando mãos escravas te levantaram em pedra, madeirame e barro.*
>
> *(Cora Coralina, 2014, p. 7-8)*

Esta narrativa é um tecido sobre a formação humana, especialmente sobre a formação de professores. Mais especificamente, uma toalha de mesa tramada para adornar as experiências de nutrição do corpo e da alma. Sua existência, seu bordado **é** o resultado de tingimentos, urdiduras e cruzamentos de fios em diferentes camadas para conhecer as experiências vividas e partilhadas por professores de Artes Visuais, na relação com os objetos biográficos que habitam suas casas, portanto, transbordados de afetos e guardadores de memórias e histórias.

Quais experiências transformam uma pessoa em um professor? Os objetos que habitam suas casas colaboram nesse processo? Se sim, de que maneira essa formação pode ocorrer?

O trabalho investigativo realizado consistiu em visitar casas de professores e escutar narrativas de vida. Para isso, o meu caminhar acompanhou e se fez "ao mesmo tempo que os movimentos de transformação da paisagem"

(Rolnik, 2014, p. 23) desenhada e contemplada durante seu desenvolvimento. Ou seja, como um rio caudaloso, corrente e vivo, meu caminhar não seguiu rotas preestabelecidas pelos consagrados manuais de investigação, mas se desenhou ao som da escuta do outro e do silêncio reflexivo, atento e devaneador. Por ter sido assim, a toalha de mesa que lhes apresento se fez simultaneamente ao "desmanchamento de certos mundos [...] e a formação de outros" (Rolnik, 2014, p. 23). Os encontros e desencontros, as confissões e os silêncios, entrecortados por suspiros entre a alegria e o desafio de lembrar, ressignificar e narrar que fizeram, trançaram esta narrativa.

Estar imerso em simultaneidades, em mundos que se desmancharam e outros que se formaram, exigiu de mim, como bem pontuou Freire (1996, p. 41), reconhecimento e assunção, pois assumir-se como

> [...] ser social e histórico como ser pensante, comunicante, transformador, criador, realizador de sonhos, capaz de ter raiva porque é capaz de amar. Assumir-se como sujeito porque capaz de reconhecer-se como. A assunção de nós mesmos não significa a exclusão dos outros. É a "outredade" do "não eu", ou do *tu*, que me faz assumir a radicalidade de meu eu.

Assumir-me um professor de Artes Visuais apaixonado por pinturas, árvores, as relações escolares de ensinar e aprender, bem como reconhecer-me sensível, pensador e realizador de sonhos foi necessário, especial e revelou ser uma tarefa contínua e continuada.

Escolhi narrar o que foi investigado em três partes. Escrevê-las foi uma aventura, uma experiência transformadora, que exigiu esforço, dedicação e coragem para vencer medos, inseguranças e preconceitos. No processo, sempre me indagava sobre: que escrita praticar? Que escrita conformaria os caminhos por mim inventados e percorridos? Mas, logo nas primeiras tentativas, as narrativas foram escolhidas como metodologia, como procedimentos de produção dos dados e como gênero textual mais apropriado para relatar as experiências vividas.

Em meus ensaios, distanciei-me dos preceitos de uma escrita acadêmica mais quantitativa e dedutiva para me deixar guiar pela escrita qualitativa e indutiva, que primeiro acolhe os dados produzidos para, depois, estabelecer relações não só com a teoria, mas com a literatura, o cinema e outras tantas possibilidades expressivas. Narrei em primeira pessoa e acrescentei imagens do passado e do presente, letras de música, trechos de poemas e de escritos admiráveis para enriquecer e complexificar a narrativa.

Dessa forma, encorajei e busquei uma escrita-experiência. Ao mesmo tempo, uma escrita-aprendizagem, uma escrita-transformação, uma escrita-ritual. Uma escrita-polifônica tramada a partir de várias vozes. Entre elas, as dos objetos vistos nas casas dos professores visitados, as dos autores lidos, as dos professores e colegas dos cursos frequentados no Programa de Pós-Graduação em Educação e do Laboratório de Estudos sobre Arte, Corpo e Educação (Laborarte), da Universidade Estadual de Campinas (Unicamp).

A Parte I é composta pela reconstrução de meus percursos pessoais, evidenciando as maneiras pelas quais fui me transformando no professor de Artes Visuais que sou. Estão apresentadas as minhas raízes familiares, as minhas referências culturais e os modos como fui, ao longo da vida, aproximando-me dos objetos biográficos que habitam as casas para, com eles e a partir deles, propor a investigação. Essa reconstrução se sustentou na compreensão de que o ato de lembrar para narrar não é somente "reviver, mas refazer, reconstruir, repensar, com imagens e ideias de hoje as experiências do passado" (Bosi, 1994, p. 55).

Por serem afetivas, seletivas, inventivas, as memórias não respeitam nenhuma cronologia, estão isentas da ditadura linear do tempo. Assim, algumas experiências vividas na infância foram relembradas na sequência de outras vividas na Licenciatura em Artes Visuais, no mestrado em Cultura Visual e nas atividades docentes experimentadas nas escolas em que ensinei e no Centro de Estudo e Pesquisa Ciranda da Arte. A maioria delas foram rememoradas durante o período em que realizei as Entrevistas Narrativas e Não Diretivas com os professores-narradores, colaboradores da pesquisa.

A coragem pelas narrativas como estratégia de fabricação e coleta de dados e como gênero textual foi alimentada pela riqueza de possibilidades para a formação e investigação que elas oferecem. Portanto, a Parte II versa sobre as narrativas de vida como estratégia metodológica, extremamente apropriada ao ambiente da formação de professores. A partir dos estudos realizados, compreendi essas narrativas como processos, como experiências de reelaboração e difusão do vivido. E mais, constatei que não era uma novidade, pelo contrário, sua utilização mais ou menos nos moldes como conhecemos hoje; é tradição antiga, remontada ao início da humanidade.

Essa Parte está desenhada a partir de inúmeras reflexões e descrições conceituais sobre os percursos de produção dos dados. Dentre elas, as Entrevistas Narrativas e as Entrevistas Não Diretivas, vistas como os procedimentos mais adequados para as investigações que buscam compreender os processos de se tornar professor, especialmente de Artes Visuais. Nessa direção, são expostas as maneiras pelas quais encontrei os professores-narradores, tanto em Campinas, São Paulo, quanto em Jataí, Goiás, que generosamente abriram as portas de suas casas e mostraram seus objetos biográficos repletos de histórias para contar.

Todas as vidas são importantes e merecem atenção, cuidado, carinho; uma história narrada enseja outra, que desencadeia mais duas, três e assim continuamente; os narradores só aconselham porque estão, ao mesmo tempo e espaço, integrados aos seus ouvintes e aos ritmos de seus ofícios cotidianos; essas são algumas das principais afirmações dessa parte. Narrar é "fazer uma sugestão sobre a continuação de uma história que está se desenrolando" (Benjamin, 2012, p. 216) e, por ser relevante essa história, necessita ser contada e recontada infinitas vezes, para que não se perca no tempo, no espaço e nas relações pessoais e interpessoais.

Por fim, a Parte III desvela as experiências transformadoras pelas quais as professoras-narradoras de Jataí viveram. Suas falas partilham memórias e histórias de seus processos pessoais, cujos objetos biográficos habitantes de suas casas são guardados, e, a partir deles, valores de intimidades foram percebidos e problematizados, apontando questões relevantes ao universo da educação de professores de Artes Visuais. As memórias e histórias partilhadas pelas professoras-narradoras foram transformadas em Miniaturas de Sentido, conceito produzido a partir Leibniz (1974), Benjamin (2011) e Bachelard (2000).

O sonho de construir um museu pessoal com os objetos herdados, ganhados, comprados; a prática docente em Arte, sem intimidade com o fazer artístico; o perfil profissional polivalente e especialista; a busca da imaginação criadora, geralmente assassinada na generalidade dos currículos; a morte como pulsão de vida, como impulso à cultura, como consciência, autoconsciência são algumas das questões que apareceram como pano de fundo das memórias e das histórias partilhadas, suscitadas a partir das minhas visitas às casas, aos museus das professoras-narradoras e do contato com os objetos biográficos.

Casas como Museus foi o horizonte descortinado. Um universo intenso e extenso de saberes e fazeres que se abriu para mim e para minhas investigações sobre o tornar-se professor. Essa imagem que compõe o título foi percebida e desenhada nos instantes finais da escrita da tese, quando retornava do último encontro que tive com as professoras-narradoras, em suas casas, para lermos juntos as Miniaturas de Sentido escritas a partir das memórias e histórias partilhadas durante as entrevistas.

Aqueles encontros finais foram esclarecedores, amorosos e marcados pelo desejo de partilhar o vivido, para que ele não se perdesse no tempo, no espaço e nas relações sociais. Muitos meses se passaram entre as entrevistas e a leitura final, mas o desejo das professoras-narradoras era seguir narrando, partilhando suas experiências singulares, em uma tentativa de me atualizar um pouco mais sobre elas. Assim, surpreendido, certifiquei a potência e a beleza dos encontros e a riqueza das investigações centradas nas narrativas orais e nos saberes e fazeres dos mais experientes.

Minha experiência doutoral foi e é fundamental em meu existir. Abriu e abre portas e janelas, gavetas e caixas que jamais imaginei acessar, ver e escutar o que acessei, vi e escutei. Alimentos vieram de muitas partes e nutriram minha formação humana, estética e acadêmica. Um, em especial, veio das relações estabelecidas com os objetos que conviveram comigo nas muitas casas que habitei. Nessa conexão, as experiências sentidas com o desfazimento de minha casa em Goiânia, Goiás, em 2011, para cursar o doutorado em Campinas, São Paulo, e com o retorno para Goiânia, dois anos depois, em 2013, conectaram-me à pesquisa de modo não imaginado.

Essas mudanças tramaram-me ao pesquisado e as considero tão importantes em meu percurso quanto foi a mudança realizada em 3 de janeiro de 1999, quando deixei a casa dos meus pais, em Jataí, Goiás, pela primeira vez e um pouco tarde, aos 21 anos de idade, para cursar a Educação Artística, com habilitação em Artes Plásticas, que, no caminho, migrei para a Licenciatura em Artes Visuais, na FAV/UFG.

Oito anos depois da defesa pública da narrativa doutoral "Casas como museus: narrativas afetivas de professores de Artes Visuais", retorno à narrativa escrita e faço uma leitura cuidadosa e criteriosa, amorosa e orgulhosa para publicar *Casas como museus: narrativas de professores de Arte*. Mais amadurecido pelas inúmeras experiências que vivi e que me transformaram no professor de Artes Visuais que sou, ou melhor, que estou, visto que nossas identidades e subjetividades são formadas e transformadas continuadamente.

E entre essas experiências transformadoras, ressalto minha aprovação no concurso público para professor das disciplinas Arte e Educação I e II, do curso de Pedagogia da Faculdade de Educação, da Universidade Federal de Jataí, Goiás (FE/UFJ), em 2021.

Essa mudança redirecionou minha caminhada, fazendo-me mudar de casa, de cidade e de ritmos profissionais e pessoais, ampliando, diversificando e complexificando, dessa maneira, minhas relações com os objetos que habitam minha casa e com a casa "nova" que passou a abrigar meus sonhos e a me proteger sonhador.

PARTE I

COMO ME TORNEI O PROFESSOR DE ARTE QUE SOU?

Inicio a tessitura desta narrativa com uma pintura da tia Neusa, da série *Trançados*, produzida no início da década de 1980. Era criança quando a conheci pela primeira vez em uma das viagens que fazia com meus pais para Brasília, Distrito Federal, para visitar meus avós, tios e primos. Sua presença em meu corpo e em minha alma foi tão marcante que até hoje ressoa, fazendo-me reconhecê-la como o princípio de minha educação estética e visual estabelecida no universo íntimo de nossas casas. Depois desse encontro formador, sonhei ser pintor também!

Figura 1 – Da série *Trançado*, Neusa Silva, óleo sobre tela

Fonte: acervo pessoal (2013)

Décadas depois, mais especificamente avançando para a experiência de me tornar um professor de Artes Visuais doutor em Educação, retorno à pintura porque ela me recorda a imagem primitiva de um tecelão, rara nos dias de hoje, aquele ou aquela que, enquanto fia, tinge e urde, cruzando fios em infinitas tramas e combinações, narra suas experiências, suas sabedorias, seus conselhos. Experiente, portador de uma destreza sem fim, faz interagir alma, olhos e mãos, transformando e sendo transformado por aquilo que narra e por respeitar, profundamente, os tempos e os ritmos da matéria-prima que opera.

A imagem do artesão atento e respeitoso ao que produz e ao que narra se juntou às razões afetivas e cognitivas pelas quais escolhi iniciar a narrativa da experiência de me tornar professor de Artes Visuais, agora doutor em Educação, porque a pintura da tia Neusa me fez sentir e pensar na incompletude humana e suas renovações constantes. Para mim, *Trançado* está composta de forma a versar sobre o tornar-se humano como um processo infinito, inacabável, pois jamais estaremos finalizados, ou acabados, ou prontos em nossas constituições identitárias e subjetivas.

Já que estamos em processo, que somos o processo, Nietzsche (1987, p. 183), em suas reflexões sobre o tornar-se humano, ajuda-me a compreender que somos uma

> [...] corda, atada entre o animal e o além-do-homem – uma corda sobre um abismo. Perigosa travessia, perigoso a-caminho, perigoso olhar-para-trás, perigoso arrepiar-se e parar. O que é grande no homem é que ele é uma ponte e não um fim: o que pode ser amado no homem é que ele é um *passar* e um *sucumbir*. Amo Aqueles que não sabem viver a não ser como os que sucumbem, pois são os que atravessam.

Alimentado por esses sentimentos e pensamentos, por essas percepções e reflexões, passei a compreender a educação de um professor de Artes Visuais como uma travessia, um caminhar, um processo interminável, não definido e para além dos processos formais de ensino. Sabemos que as escolas e as universidades não são exclusivas nesse "a-caminho"; se é que posso assim chamar os percursos que cada um percorre para tornar-se o professor que é, ou melhor, que está.

E, nesse cenário, a pintura da tia Neusa ampliou minhas reflexões, permitiu estabelecer relações com o inacabamento humano, já que os fios que a compõem estão sendo trançados nas diagonais, sugerindo movimentos, exprimindo dinamismos, multiplicando possibilidades. Na composição, a maior parte já foi tecida, evidenciando percursos, memórias e histórias, e a menor, encontra-se inacabada e à espera de experiências outras que continuem o trançado, a vida.

A tia Neusa se graduou em Educação Artística – habilitação Artes Plásticas, em 1997 pelo Instituto de Artes da Universidade de Brasília (IA/UnB). Participou de exposições individuais e coletivas. Das tantas exposições individuais, cito as realizadas na Galeria de Arte Casa Thomas Jefferson, Brasília, em 1997 e em 2005; na Galeria Xico Stockinger – Casa de Cultura Mário Quintana, em Porto Alegre, em 2001; e na Casa de Cultura Laura Alvin Funarj, Rio de Janeiro, em 2003. Das coletivas, evidencio a participação no 3º Salão de Arte Contemporânea Brasileira – Conjunto Cultural da Caixa Econômica Federal, em São Paulo, em 2002; na Exposição de inauguração do Museu de Arte de Brasília (MAB), em Brasília, em 1985; e na Galeria de Arte Sette & Zucheratto, em Belo Horizonte, em 2002.

No catálogo da exposição *Pinturas*, de 2005, na Galeria de Arte Casa Thomas Jefferson, Lais Aderne (2005, p. 2) afirma que

> Neusa Silva vem encontrando seu caminho em nosso cenário multicultural como Antônio Dias em sua forma construtivista, integrando a consciência brasileira nos grandes problemas do mundo; como Iberê Camargo, com seu informalismo agreste, carregando em sua ordem expressiva a riqueza de sua memória provinciana; como Rubem Valentim com seus símbolos religiosos afro-brasileiros; como Lygia Clark com sua reinvenção orgânica, ou ainda como Volpi que afirma que o concretismo em sua obra foi por acaso e que é considerado por Ayala como autor da síntese formal da decoração festiva das nossas festas caipiras. Neusa também encontrou, como tantos artistas nossos, seu próprio caminho.

Em sua trajetória, recebeu prêmios como o Aquisição, no III Salão Universitário da UnB, em 1981. E está citada no Anuário Brasileiro de Artes Plásticas, São Paulo/2004, no Catálogo Arte & Artistas da Casa do Restaurador, São Paulo/2000, e no Catálogo do Panorama das Artes Visuais do Distrito Federal, Brasília/1998.

Uma outra série de pinturas elaborada pela tia Neusa habitou minha casa natal, minha casa da infância, adornando a parede principal da sala de estar, contribuindo para o enriquecimento das relações de afeto estabelecidas ao longo dos meus primeiros 15 anos de vida e alimentando meu sonho de ser pintor. Hoje, elas não existem mais. O que é uma infelicidade para mim. A partir delas, eu fantasiava o mundo artístico visual e me perguntava: como minha tia conseguia pintar aquelas pinturas? O que era preciso viver, aprender para que eu me tornasse um pintor?

Mais tarde, descobri que as pinturas que adornavam a parede da casa dos meus pais, tão admiradas e que tanto bem me fizeram, eram consideradas por tia Neusa simples exercícios, experimentações apenas, aprendizagens cujos objetivos principais eram domínio das técnicas de pintura. Mas, para mim, elas sempre foram e serão pinturas amigas, companheiras da infância e adolescência, imagens generosas que me ajudaram a produzir sentidos sobre o universo visual e sobre a vida, ensinando-me a cultivar o gosto pela contemplação e alimentando-me o sonho de ser um pintor.

Essas e outras indagações relacionadas ao ofício de pintor eram aguçadas, ainda mais quando eu viajava a Brasília e me hospedava no apartamento de meus avós maternos, pois era lá que a maioria das pinturas da tia Neusa habitava, ocupando as paredes da sala, dos quartos, dos corredores ou empilhadas em um canto, no chão...

Eu ficava deslumbrado com tantas cores, formas, texturas. Tudo era muito bonito, encantador, mágico até! Minha tia entrava no quarto onde pintava e, horas depois, quando de lá saía, trazia uma pintura nova. Aquele ritual me fascinava, seduzia e despertava o desejo de também ser pintor. Encantamento semelhante eu senti ao ver, na disciplina "Fotografia e novos meios", cursada na Licenciatura em Artes Visuais, as imagens que fotografei surgirem após os banhos no revelador, no fixador e, por fim, em água corrente.

Essas viagens ocorriam sempre nas férias escolares. E, ao retornar de uma delas, por volta dos meus 7, 8 anos de idade, pedi aos meus pais que comprassem materiais para que eu também pudesse pintar. Contudo, o contexto socioeconômico familiar e a situação precária do comércio de Jataí, minha cidade natal, não permitiram a realização de tal desejo. Mas minha mãe, sensibilizada e generosa, disponibilizou materiais alternativos e, então, aventurei-me na magia de me tornar um pintor, pintando em sacos de algodão, tradicionalmente usados para fazer os panos de prato.

Meus exercícios de pintor de panos de prato me conduziram até a casa da Ge, uma vizinha amiga da família, nascida na zona rural do município de Jataí, e que morava na cidade com seus irmãos mais novos para que estudassem. Parecia que sua função principal era cuidar de todos e da casa. Uma memória esmaecida no tempo é que ela passava suas tardes assistindo às reprises de novelas e de filmes ofertados pela Rede Globo, enquanto pintava seus panos de prato.

Acredito que um de seus objetos preferidos era sua "caixa de noiva", uma caixa de madeira enorme, cheia dos panos de pratos e de outras peças de artesanato que deveria ter produzido ou adquirido ou ganhado, envolvidos em papel de seda branco para que não amarelassem com o tempo. Recordo, também, que essas caixas de madeira eram um objeto de fetiche, desejado pela maioria das moças, à época.

Hoje, eu imagino que passei a frequentar a casa da Ge com o intuito de observar como compunha seus desenhos e como usava seus materiais plásticos e instrumentos de trabalho. Ao passar dos dias, percebi que sua técnica consistia apenas em copiar os desenhos que já vinham prontos nas revistas especializadas para pinturas em tecidos. Para minha decepção, percebi que seu ritual de criação consistia em colocar o desenho escolhido em cima de uma folha estêncil sobre o tecido, transpondo-o e pintando, respeitando a tabela de cores indicada nas revistas que possuía.

Sendo assim, em sua relação com a pintura, eu aprendia, nessa experiência, que para ser um pintor era preciso saber copiar os desenhos que desejasse pintar, em vez de me lançar ao desafio de criar, expressar, comunicar e interagir com a vida a partir de suas dimensões gráficas. Assim, como na escola, eu não fui desafiado a arriscar, sonhar, conhecer e aprender que o ato de desenhar não é, como afirmou Derdyk (1989, p. 24), uma ação de copiar

> [...] formas, figuras, não é simplesmente proporção, escala. A visão parcial de um objeto nos revelará um conhecimento parcial desse mesmo objeto. Desenhar objetos, pessoas, situações, animais, emoções, idéias são tentativas de aproximação com o mundo. Desenhar é conhecer, é apropriar-se.

Ignorando essa alternativa de conhecimento e aproximação com o mundo, eu pintei meus panos de prato com quaisquer motivos, ou temas, ou paisagens que conseguisse copiar. O repertório dessas experiências ia dos desenhos mimeografados que recebia das professoras na escola aos personagens da revista *Amiguinho* e dos desenhos animados da Disney.

Diametralmente distante dos desenhos reproduzidos na escola ou dos personagens da revista *Amiguinho* ou da Disney que habitavam minha casa, alimentando meu repertório de imagens e reverberando em minhas práticas em produzir imagens, que julgava artísticas, eu convivia com os desenhos expandidos que meu pai e minha mãe produziam em casa.

Meu pai coloria nossos cotidianos com as suas hortaliças, muitas e variadas, as alfaces eram suas preferidas e as minhas prediletas. Sempre, à tardezinha, quando chegava da escola, eu via meu pai trabalhando em seus retângulos que, juntos e vistos do alto, hoje eu imagino, deveriam alimentar a criação de belas pinturas e fotografias. Recordo-me que seus regadores de plástico, para uns muitos litros de água, já foram azuis, amarelos, vermelhos, e de ver, dias depois, os verdes das folhas surgirem entre os marrons avermelhados das terras do quintal de casa, que rasgavam o chão e cresciam em um fluxo contínuo, diário.

Minha mãe coloria nossos cotidianos com as suas roseiras. Por ocuparem a parte central do quintal, a todos seduziam com sua beleza, delicadeza e perfume. Dispostas mais ou menos em filas, ladeavam o caminho estreito e comprido de cimento cru, responsável por conduzir a todos do portão da rua à sala de nossa casa e vice-versa. Eram muitas, enormes e carregadas de rosas, em sua maioria cor-de-rosa; às vezes, muito raro, uma amarela ou uma vermelha ou branca era cultivada.

Seus desenhos eram uma atração, vizinhos e passantes paravam extasiados em frente ao nosso portão para fruí-los por alguns instantes. Recordo-me dos muitos elogios aos meus pais. Eles eram constantes e proferidos à chegada ou à saída de casa: *"Seu Raul, como suas hortaliças estão viçosas, saudáveis, parabéns!"; "Dona Oneida, como suas roseiras estão lindas e cheirosas!"*

Aprendido com meus pais, também tenho investido no hábito de cultivar plantas em casa, regando, adubando, podando, replantando-as quando necessário; estabelecendo minhas relações de cuidado, de afeto, de vida. Todavia, de maneira mais direta, a ação de cultivar plantas em meu apartamento conectou-me com outros tempos, com os tempos de cada coisa e abriu-me fendas, brechas, fissuras por onde pude atravessar e embrenhar-me mais profundamente em mim mesmo — especialmente em minhas relações com os objetos que habitam nossas casas, nossos museus pessoais repletos de efeitos de sentidos e de significados.

Aprendi a cultivar uma casa singela, bonita, bem decorada. Somaram-se aos desenhos expandidos que meu pai e minha mãe produziam em casa, totalmente distanciados dos desenhos reproduzidos para colorir na escola, os modos como meus pais decoravam nossa casa e outras decorações que espiei pelas frestas de janelas e portas abertas, enquanto caminhava pelas ruas de Jataí, de Goiânia, de Campinas e pelo mundo afora.

Nesse contexto, inúmeras são as experiências encantadoras com os objetos que habitam as nossas e as outras casas. Entretanto, duas vivências infantis singelas, mas especiais e alimentadoras de minha educação estética e visual, merecem ser partilhadas, pois ao narrar, revisitamos a experiência e reelaboramos o vivido e aprofundamos nossos processos formativos.

Uma das vivências infantis se refere à aquisição de uma geladeira. No princípio da década de oitenta, meu pai, meus irmãos e eu saímos em uma tarde de sexta-feira, em comitiva, para a realização de um desejo caro à época: comprar uma geladeira para nossa casa. Depois de muito andar, escolhemos uma Climax, cujo azul atravessou meu olhar e minha alma, permitindo-me estabelecer inúmeras relações, sendo uma delas com o azul intenso dos céus de Jataí.

Com essa compra, meus irmãos e eu pudemos fazer *big-bem*, um suco de frutas acondicionado em um saquinho de plástico, para vender aos viajantes que embarcavam e desembarcavam na rodoviária da cidade. Mais ou menos perto de nossa casa, naquela altura a rodoviária estava precária, muito suja e com pouquíssimas lanchonetes, o que abriu aos moradores da cidade inúmeras possibilidades de comércio de alimentos nas janelas dos ônibus.

Essa aventura de fazer e vender *big-bem* não durou muito para mim. Logo fui tomado por outros interesses e afazeres, e a lembrança única que tenho do que fiz com o dinheiro que ganhei foi a compra de um trio de passarinhos de louça azul-cobalto apaixonante, de tamanhos diferentes e para serem pendurados na parede da sala, adornando e confortando ainda mais a nossa casa. Adornar é uma necessidade humana de beleza. Crianças e adultos padecem dessa necessidade, afirmou Adélia Prado em uma entrevista ao programa *Sempre Um Papo*[1]. Eu, criança confirmando a afirmação da poetiza e filósofa e professora e dona de casa, já padecia da necessidade humana de beleza!

Essa foi a primeira compra que fiz com recursos próprios: comprei na rodoviária, em uma loja que vendia de tudo, desde artigos de decoração a roupas e produtos de higiene pessoal.

Cheguei em casa eufórico e à procura de pregos e martelo para enfeitar a parede da sala de casa, intervindo esteticamente no espaço íntimo em que vivia e me fazia humano, uma criança diferenciada das outras e inclinada às artes, e não ao futebol. Pendurados, perdia horas e mais horas olhando para os passarinhos azul-cobalto intenso que jamais esqueci.

[1] Cultura Para a Educação, por Adélia Prado, entrevista concedida em 2008, podendo ser acessada no link https://www.youtube.com/watch?v=sisSlTXY6bM.

Algumas vezes, sem pensar em nada, deixava que meus olhos dançassem ao som das formas estilizadas de pássaros e que explorassem livremente o espaço infinito da parede amarela que os acolhiam e os permitiam existir. Outras vezes, a materialidade delicada e fria da louça era um agrado ao meu tato, e o azul, um carinho aos meus olhos, coração e alma. E por várias vezes me perguntei: por que não comprei balas, sorvetes ou bolas, como meus irmãos fizeram? Por que queria viver em uma casa toda enfeitada? Por que gostava mais de coisas de mulheres do que de homens? O que havia de certo e errado?

Hoje, sinto que a compra desses pássaros sinalizava minhas preferências estéticas e os rumos que minha vida tomaria: a escolha pelo exercício docente em Artes Visuais como o ofício, como vida, e a escolha por atender a minha necessidade humana de beleza, aprendendo a cultivar uma casa singela, bonita, bem decorada.

E a outra vivência infantil que marcou poeticamente minha alma, ensinando-me a cultivar uma casa singela, bonita, bem decorada, refere-se à compra de um cisne rosa, em que acompanhei a minha mãe fazer. Era a semana do Natal e as principais ruas de Jataí estavam enfeitadas com luzes coloridas que ziguezagueavam de um lado ao outro para a realização da festa mais capitalista que religiosa — mesmo assim, uma alegria! As lojas, naqueles dias do ano, permaneciam abertas até tarde da noite, convidando-nos ao consumo. Andávamos pelas avenidas Brasil, Goiás, Rio Claro, seduzidos pelas vitrines que se insinuavam, entorpecendo nossos sentidos para as compras.

Em uma noite qualquer daquela semana, encontrei minha mãe se arrumando para sair de casa, não sabia aonde iria, mas queria ir junto. E fui! Ela me disse que iríamos comprar um presente de Natal para nossa casa. Não me lembro de mais nada, recordo apenas que me arrumei rapidamente e saímos, caminhamos de mãos dadas da rua de nossa casa até a Avenida Brasil, esquina com a Avenida Goiás, onde era sediado um conjunto de lojas comerciais, na parte térrea do edifício Jóquei Clube de Jataí.

Entramos em uma loja que vendia objetos de decoração de toda sorte: esculturas de terracota, animais de porcelana, compoteiras de cristal, porta-retratos, entre outros. Eram mais delicados, sofisticados e caros e estavam organizados por categorias, nas estantes de vidro, que iam do chão ao teto. Diferentemente da loja da rodoviária, onde comprei o trio de passarinhos azul-cobalto e onde vi objetos empoeirados e amontoados uns sobre os outros.

Diante daquela diversidade de possibilidades, fiquei paralisado e indeciso com o que comprar. Queria tudo! Não tinha dimensão dos valores. E isso não era importante; aliás, o importante era ter todos os objetos, que julguei maravilhosos, em minha casa para deixá-la mais bonita, mais afetiva, mais singular.

Minha mãe decidiu e comprou um cisne de porcelana cor-de-rosa, cuja tonalidade rosa seduzia meu olhar, cerca de 18 centímetros de altura por mais ou menos 26 de comprimento, suas asas estavam em posição de voo, sendo uma mais estendida que a outra, um futuro imediato, e o pescoço e a cabeça estavam voltados para trás, para o passado, imagino tudo isso hoje, principalmente depois de ter estudado o texto "Sobre o Conceito da História", de Walter Benjamin (2012, p. 245-246), especialmente o conceito de número nove:

> Há um quadro de Klee que se chama *Angelus Novus*. Nele está desenhado um anjo que parece estar na iminência de se afastar de algo que ele encara fixamente. Seus olhos estão escancarados, seu queixo caído e suas asas abertas. O anjo da história deve ter esse aspecto. Seu semblante está voltado para o passado. Onde nós vemos uma cadeia de acontecimentos, ele vê uma catástrofe única, que acumula incansavelmente ruína sobre ruína e as arremessa a seus pés. Ele gostaria de deter-se para acordar os mortos e juntar os fragmentos. Mas uma tempestade sopra do paraíso e prende-se em suas asas com tanta força que o anjo não pode mais fechá-las. Essa tempestade o impele irresistivelmente para o futuro, ao qual ele volta as costas, enquanto o amontoado de ruínas diante dele cresce até o céu. É a essa tempestade que chamamos progresso.

Embrulhado em um papel de presente dourado, carreguei até em casa e escolhi o lugar onde ficaria: na estante, ao lado de duas patas de porcelana, uma verde e outra branca. Na prateleira abaixo ficavam um cavalo branco e uma gansa com três gansinhos; nas de cima, uma enciclopédia para crianças, encadernada em muitos volumes de capa dura vermelho carmim, com as letras dos títulos grafadas em dourado, e mais uma coleção referente a plantas diversas e seu uso medicinal; alguns livros infantis da série "Vagalume" e muitos, muitos exemplares da revista *Amiguinho*. Do outro lado da estante ficavam o aparelho de som e os discos do meu irmão mais velho e a televisão ainda em preto e branco. Os anos se passaram e a disposição dos objetos foi modificada inúmeras vezes: ora adornavam a sala, ora a cozinha. Seguiram a dinâmica da casa, do nosso crescimento, da nossa vida e hoje existem em minha memória apenas.

Saía muito, principalmente para ver como e com o que as pessoas adornavam suas casas. Saía curioso para conhecer os objetos que não existiam em minha casa, para conhecer outros cenários, para crescer, para aprender outras possibilidades de produzir a vida. A luz que entrava naqueles interiores mais os objetos que os habitavam compunham atmosferas especiais para a imaginação, a criação, o pensamento e, em especial, para o devaneio.

Por sorte, nasci em um tempo e em um lugar onde o portão que separava a casa da rua era muito mais acessível do que hoje. O de minha casa natal, em especial, não me recordo de quando criança ou adolescente vê-lo trancado a cadeado. Então, sair e caminhar pelas ruas da vizinhança não era um problema para mim e não assustava e nem preocupava meus pais.

Dessas caminhadas "etnográficas", no princípio da década de oitenta, recordo-me muito bem de uma porção vasta e variada de objetos que habitavam os interiores vislumbrados. Eram cachorros de gesso, jarras com flores de plástico, elefantes, cavalos, pinguins, fotopinturas do casal, dos filhos e dos antepassados, cujas molduras apresentavam tons marrons e eram protegidas por vidros côncavos e esverdeados. Imagens religiosas da Igreja Católica e da Umbanda, como: pinturas da arca de Noé, da sagrada família, de Iemanjá saindo das águas do mar, um mar extremamente azul se fundindo ao céu, de retratos de São Benedito e de outros pretos velhos de quem não sei os nomes, esculturas em gesso de São Francisco, Santo Antônio, São Judas, entre tantas outras.

Lembro-me bem de vitrolas, gramofones, rádios e televisores que mais se pareciam com móveis do que com eletrodomésticos, devido a suas enormes caixas de madeira. Conjuntos de sofás com linhas retas, cores lisas e escuras e os pés torneados, altos e pintados de preto, sendo uma peça para três lugares e duas para um lugar apenas, que imagino pouco confortáveis, se comparados aos de hoje. Rodas de fiar, cabideiros, ferros de passar roupas à brasa, que representavam o passado dos mais idosos das casas espiadas.

Cabeças de animas empalhadas, geralmente penduradas no centro da parede principal da sala de estar, revelando que aquela era uma casa de fazendeiros, de pessoas envolvidas com o universo rural. Miniaturas de carros de boi — as que lembro eram feitas pelo seu Ambrósio, o primeiro artesão que conheci. Suas miniaturas me fascinavam: eram delicadas e ricas em detalhes. Cristaleiras repletas de jogos de taças, copos e xícaras, coleções de canecas e jogos de latas para guardar arroz, açúcar, café, cujos desenhos, em sua maioria, eram flores vermelhas e folhas verdes. Tachos de cobre, panelas de ferro, potes de barro, entre outros, muitos outros objetos domésticos biográficos e afetivos.

Não tendo frequentado a educação infantil, considero essas caminhadas pela vizinhança minhas primeiras vivências educativas fora de casa. Elas me aproximaram de uma cultura visual jataiense, enriqueceram meu repertório imagético, alimentaram tanto minha vontade por ser pintor quanto minha estima pelos objetos afetivos e biográficos que habitam nossas casas. Sentimento semelhante aconteceu comigo quando cursava a Licenciatura em Artes Visuais, na Faculdade de Artes Visuais da Universidade Federal de Goiás, em Goiânia, e minhas caminhadas para o Museu de Arte de Goiânia (MAG), ou para a Escolinha de Arte Veiga Valle, ou para a Fundação Cultural Jaime Câmara, por exemplo, enriqueceram significativamente meu repertório imagético e minhas possibilidades artístico-pedagógicas, transformando-me em um professor de Artes Visuais.

Ao relembrar e listar essa porção mínima, em relação à enorme, à "imensa vegetação dos objetos", como diz Baudrillard (1973, p. 9), eu o fiz para reorganizar minhas lembranças, de forma que eu possa compreender o lugar delas em meu processo educativo, no processo de me tornar um professor de Artes Visuais.

Ao reorganizar minhas lembranças, recordei, também, da narrativa *Todos os nomes*, contada por Saramago (1997). A personagem central dessa história é o Sr. José, um homem solteiro, de meia-idade, muito tímido, funcionário da Conservatória Geral de Registro Civil, responsável pelos arquivos dos vivos e dos mortos.

O Sr. José morava de favor em uma casa construída, improvisadamente, ao longo das paredes laterais da Conservatória. Em sua casa havia duas portas: uma permitia o acesso à rua e a outra ao interior da grande nave que abrigava os arquivos de centenas e centenas de cidadãos. Por problemas estruturais na arquitetura da Conservatória, o Sr. José fora obrigado a inutilizar a porta que permitia o acesso ao interior, dificultando, dessa maneira, o seu transitar livremente entre seu trabalho e sua casa, entre sua vida pública e privada.

Contudo, o que me chamou atenção e levou-me a estabelecer paralelos entre o acontecimento na obra literária e a investigação que desenvolvia foi o fato de que, há muitos anos, o Sr. José vinha cultivando um passatempo que consistia em reunir recortes de jornais sobre pessoas que, por boas ou más ações, tornaram-se famosas em seu país. Mas, um dia, teve a percepção, a ideia de que em sua coleção de nomes e referências pessoais daqueles sobre os quais colecionava apenas os recortes faltavam, por exemplo, o registro de nascimento e outras informações de natureza íntima, como: os nomes dos pais, dos cônjuges, dos irmãos, dos padrinhos, dos lugares onde nasceram e estudaram, quais profissões escolheram, que os noticiários não anunciavam.

O Sr. José passou, então, a investigar, a buscar obstinadamente mais detalhes sobre os integrantes de sua coleção. Assim, transgrediu as regras e invadia a Conservatória todas as noites, por meio da porta que deveria permanecer trancada. E, como um detetive, fez cópias dos registros de nascimento e enveredou por um labirinto de investigações, percorrendo ruas, praças, jardins, conhecendo os lugares onde nasceram, descobrindo os segredos, as traições, os crimes desses noticiados.

No desenrolar da história, Saramago (1997, p. 23) nos chama atenção narrando que existem, em todos os tempos e lugares, pessoas como Sr. José, que ocupam o seu tempo

> [...] ou o tempo que crêem sobejar-lhes da vida a juntar selos, moedas, medalhas, jarrões, bilhetes-postais, caixas de fósforos, livros, relógios, camisolas desportivas, autógrafos, pedras, bonecos de barro, latas vazias de refresco, anjinhos, cactos, programas de óperas, isqueiros, canetas, mochos, caixinhas-de-música, garrafas, bonsais, pinturas, canecas, cachimbos, obeliscos de cristal, patos de porcelanas, brinquedos antigos, máscaras de carnaval.

E, na busca por explicações sobre as razões pelas quais os guardadores ocupam parte importante de seu tempo na prazerosa, mas também desafiadora e perigosa tarefa de colecionar objetos de fetiche, de desejo, de sonho, Saramago (1997, p. 23) desenvolve seu romance, afirmando que pessoas assim como o Sr. José provavelmente

> [...] fazem-no por algo a que poderíamos chamar de angústia metafísica, talvez por não conseguirem suportar a ideia do caos como regedor único do universo, por isso, com as suas fracas forças e sem ajuda divina, vão tentando pôr alguma ordem no mundo, por um pouco de tempo ainda o conseguem, mas só enquanto puderem defender a sua colecção, porque quando chega o dia de ela se dispersar, e sempre chega esse dia, ou seja por morte ou seja por fadiga do coleccionador, tudo volta ao princípio, tudo torna a confundir-se.

Será mesmo que só guardamos objetos por não suportarmos o caos que rege o universo? Que forças eles exercem em nossas vidas, que nos fazem colecioná-los, guardando-os em nossas casas? E nós, professores de Artes Visuais, responsáveis por deflagrar processos expressivos, guardamos objetos em nossas casas? Se sim, quais? De onde originaram? Que peripécias fizemos para obter nossos objetos desejados? E ainda, quais memórias guardam? Quais experiências narram? Ou eles habitam nossas casas por inferências do acaso?

Esse bloco de questões acompanhou-me pela leitura do livro e alimentou, ao mesmo tempo, o desejo de ir a campo visitar as casas, os museus dos professores de Artes Visuais e conhecer seus objetos especiais, ouvir suas narrativas e aprender com seus conselhos. Então, como o Sr. José, lancei-me na prazerosa, mas igualmente desafiadora e perigosa tarefa de me expor ao conhecimento, ao autoconhecimento; pois toda ação de conhecer é sempre uma ação de autoconhecer, afirma Souza Santos (1996).

Das muitas casas que vislumbrei, a casa verde me chamou atenção e, por muitas razões, merece ser destacada nesta narrativa. Para espiá-la, eu nem precisava sair pelo portão e andar pelas ruas, bastava subir em um amontoado qualquer perto do muro que separava nossas casas que meu horizonte era todo tomado pelas cores e formas das centenas e centenas de objetos que a habitavam. Eram montanhas de objetos de toda sorte espalhados pelo quintal, uns se sobrepujando aos outros, os quais a matriarca recolhia na rua e os acumulava em sua casa verde.

Para mim, a paixão e o sacrifício da dona da casa verde consistiam na possibilidade de sobrepor, de acumular, de colecionar, já que andava longas distâncias carregando nas costas os objetos recém-encontrados. E eu sempre procurava algum motivo para ir frequentá-la: ou ia para brincar com as crianças de lá, ou ia para dar ou receber algum recado, ou ia para exercitar minha capacidade de perceber porquanto já sabia que meu olhar se perderia no meio daquelas montanhas de coisas velhas. E nessas idas e vindas, aprendia sobre excessos, paixões, adoecimentos, acumulações, separações.

Imagino que a matriarca possuía a *Síndrome de Diógenes, já que,* aos poucos, fui vendo-a "expulsar" toda a família de sua casa verde para viver em liberdade com suas montanhas de objetos que ganhava, comprava ou recolhia nas ruas. Ainda na infância, a separação conjugal dela foi o primeiro caso que conheci. Imaginando, ainda, separou-se do marido e ganhou mais espaço em seu quarto para os objetos e, na sequência, os filhos casaram-se todos e ela teve os cômodos tomados por profusões de objetos.

Cresci vendo-a colecionar, acumular. E foi visitando-a que meu olhar e minha alma tomaram contato com uma infinidade de estampas em tecidos, pois havia pela casa uma infinidade de lençóis com flores vermelhas, amarelas, azuis que eram deslocados de sua função original para virarem cortinas para os quartos sem portas. Perguntava-me como seria cozinhar naquela casa, sendo uma cozinha de uns $5m^2$, aproximadamente, toda tomada. Eram centenas de pratos, talheres e copos empilhados em cima das mesas de madeira. As panelas, as caçarolas e suas respectivas tampas dividiam, ou melhor, brigavam por um espaço mais digno na prateleira. A geladeira Climax, de um vermelho carmim intenso, era usada também como suporte para as muitas xícaras e garrafas de café.

Para além dos objetos acumulados, a casa verde acolhia periquitos, papagaios, passarinhos presos em gaiolas, infelizmente, cachorros, gatos e uma casa de abelhas Jataí. Fiquei surpreso e feliz quando as descobri, pois estava vendo de perto, e pela primeira vez, o símbolo que só ouvira falar na escola. As abelhas Jataí emprestaram seu nome ao rio que margeava a cidade e, por sua vez, à cidade. A calçada da casa verde abrigava duas sibipirunas enormes, cujas copas eram arredondadas, compostas por folhas verdes bem miúdas e flores amarelinhas e delicadas que forravam o chão a primavera inteira — e o cheiro adocicado dessas florezinhas é indelével em mim!

Igualmente, ratos e insetos peçonhentos passaram a morar na casa verde da esquina. Esse cenário agravou-se e gerou situações desagradáveis com relação à higiene e à saúde dela e da vizinhança em geral. Esta, então, acionou a Vigilância Sanitária municipal para intervir, e ela interveio, interditando sua casa por um dia inteiro, para realizar a limpeza do quintal, retirando caminhões e mais caminhões de objetos juntados ao longo da vida.

Esse episódio eu não vi, já morava em Goiânia para cursar Artes Visuais – Licenciatura. Ao ouvir o relato, senti meu coração apertar e imaginei o quão horrível deve ter sido vê-la gritar com os trabalhadores da prefeitura quando recolhiam seus objetos. Minha mãe me narrou que, desesperada, a dona da casa chorava ao ver sendo retirados à força de sua casa os objetos de sua companhia, de sua vida.

Hoje, anos depois, vejo que ela retomou seu processo de guardar objetos em sua casa. Então, mais uma vez, passei a contemplar, a espiar de longe, da calçada da rua e nos segundos em que atravesso seu portão, esculturas quebradas, brinquedos infantis, sofás velhos, vasilhas de alumínio amassadas, caixas de madeiras com livros e jornais velhos e muitos, muitos outros tipos. E sigo me questionando: quais relações ela estabelece com os objetos que acumula? O que eles dizem para ela? O que dizem dela? Por que abriga em sua casa objetos que, geralmente, foram descartados pelas outras pessoas? Quais marcas subjetivas eles ajudam a desenhar?

Tenho, em casa, o caderno de desenho que usei na primeira série do 1º grau, em 1984. Em bom estado de conservação, ainda encapado com o plástico original, um xadrez verde com branco, foi guardado por minha mãe e só me apoderei dele quando me mudei de Jataí para Goiânia, para cursar a Licenciatura em Artes Visuais. Levei-o como lembrança afetuosa de meus tempos de criança e como documentação de uma etapa educativa vivida.

No início daquele ano letivo, a professora — tia Lázara, como era por nós chamada — solicitou-nos que comprássemos alguns materiais escolares, como lápis de escrever, de colorir, borrachas, cola, cadernos para as tarefas de português, matemática, para o treino da caligrafia e para os desenhos. Tudo muito singelo, como a condição socioeconômica de minha família e de Jataí, na década de oitenta, permitia-nos. Todavia, tudo repleto de sonhos e de desejos por aprender.

Nesse contexto, minhas aprendizagens de expressão visual envolveram, basicamente, o manusear do caderno de desenho, composto por folhas mais grossas, nas quais colávamos os desenhos mimeografados e já coloridos, e por folhas finas, quase transparentes, que protegiam os desenhos nele anexados. As folhas finas foi a descoberta mais feliz: adorava levantar os braços, à altura dos olhos, segurando o caderno aberto nessas folhas para, por meio de sua transparência, olhar os colegas, a professora, a paisagem fora da sala de aula, através das imensas janelas que compunham a arquitetura da escola.

Esse caderno de desenho exigiu de mim, estudante inexperiente na cultura escolar e no controle motor, muito cuidado, atenção e higiene ao ser manuseado. Nada de folhas amassadas, ou mais ou menos coladas uma na outra, ou borradas. Deveríamos colorir até as linhas que definiam o desenho da semana. Hoje, eu penso que ele deveria ter sido, igualmente, objeto de cuidado e atenção pela professora, ao propor ações estéticas e artísticas.

Acredito que o objetivo de tia Lázara deveria ter sido muito mais do que simplesmente nos ensinar a colar os desenhos pedagógicos mimeografados que ela nos oferecia para colorir uma vez por semana, geralmente às sextas-feiras, após o recreio, perto da hora de irmos para casa. No mínimo, deveria ter alternado com atividades mais desafiadoras e autorais, como os desenhos de observação, ou de memória, ou de imaginação. Em suma, deveria ter proposto experiências artísticas que nos desafiassem, que nos fizessem desenvolver, ampliando nossas possibilidades de compreensão de nós mesmos, dos outros e do mundo.

Como esperar um ensino inteligente e sensível em desenho de uma professora sem formação e sem intimidade com a arte? Como romper com a cultura dos desenhos reproduzidos que, até hoje, ocupam muitas horas letivas de milhares de estudantes? Como ressignificar as experiências artísticas na educação básica? Como produzir uma educação inteligente e sensível que forme sujeitos esteticamente éticos e justos?

E é bom realçar que uma educação inteligente e sensível, conforme aponta Derdyk (1989, p. 107), depende de

> [...] ensaio e erro, de pesquisa, investigação, experimentação na busca de solução de problemas que geram dúvidas, incertezas [...] o ensino fundamentado na cópia inibe toda e qualquer manifestação expressiva original. A criança, autorizada a agir dessa forma, certamente irá repetir fórmulas conhecidas diante de qualquer problema ou situação que exige respostas. Ela, com todo o seu potencial aventureiro, deixa de se arriscar, de se projetar. Seu desenho enfraquece, tal como seu próprio ser.

Em oposição a essa concepção aventureira do desenho na escola, a tia Lázara sempre falava: *"Vamos dar vida aos desenhos?"*. E, para dar vida aos muitos desenhos mimeografados, usávamos, geralmente, lápis de cor, papeizinhos picados ou enrolados, serragem, areia ou arroz, com ou sem a casca. Mas como dar vida aos desenhos feitos por outro? Como "iluminar" um desenho mimeografado? Como desenvolver, desabrochar um imaginário pessoal?

Passaram-se mais de 30 anos desde que vivi essa experiência limitada de pintar desenhos, cujas temáticas eram celebrações relativas ao Carnaval, ao Dia do Trabalho, ao aniversário de Jataí, ao Sete de Setembro, ao Dia das Crianças, ao Natal, e ainda hoje não me libertei, não construí um percurso pessoal de criação e expressão relacionada à criação artística visual. Ainda não desenvolvi um desenho-linguagem, um desenho-expressão. Não sonhei, não projetei, não me lancei à frente, não produzi desenhos autorais.

E o pior: em toda minha educação básica, os desenhos mimeografados protagonizaram as aulas de Arte. Sendo assim, nunca entrei em contato com os benefícios que os desenhos proporcionam às crianças em especial.

As experiências de colorir os desenhos já desenhados me privaram de imaginar, de desejar, de contar minha história pessoal. "Se a criança desenha para contar sua história, encontramos também a criança que não desenha para não contar" (Albano, 2012, p. 23). Não, não contei minha história, não porque não quis... Não escolhi não contar... Não narrei porque me foi tirado o direito de contar, de sonhar, de aprender, de me desenvolver, aprimorando as possibilidades do desenho como habilidade humana de percepção, interação e compreensão do mundo.

Os desenhos mimeografados, hoje xerocados ou impressos, roubam-nos a oportunidade de nos aprimorar em infinitas dimensões, especialmente em nossa capacidade de sentir e exprimir, e a nossa inteligência para explorar linhas, formas, materiais, emoções, memórias, experiências.

Inserida nessa paisagem, uma multidão de estudantes, assim como eu, foi e continua sendo privada de expressar-se por meio da aquisição e do desenvolvimento dos desenhos pessoais, exprimindo suas descobertas, alegrias e tristezas, deslocamentos e fragmentações subjetivas pelas quais tem passado. Autoritariamente, esses desenhos me fizeram abrir mão de minhas imagens próprias, em toda minha educação básica, em favor de desenhos já desenhados para serem coloridos respeitando as normas: as flores em vermelho e o caule verde.

Os percursos autorais são experiências investigativas e projetivas. Ao desenhar, movemo-nos, lançamo-nos adiante e colocamo-nos em condição experimentar materiais, formas, sensações e, em especial, entregamo-nos às possibilidades de ver-nos e rever-nos constantemente. Nesse sentido, Albano (2012, p. 21) produziu em suas pesquisas inúmeros relatos de crianças que nos fazem compreender nossas relações com a ação humana de desenhar:

> [...] antes o desenho estava supertriste. Existe neste projetar-se um movimento de dentro para fora e de fora para dentro. A criança, mesmo sem ter uma compreensão intelectual do processo, está modificando e sendo modificada pelo desenhar.

Contraditoriamente, achava alegres e generosos aqueles momentos limitadores à expressão, à criação, à busca de minha voz pessoal, porquanto desfazíamos as filas que organizavam a sala de aula e agrupávamos nossas carteiras em grupos de amigos para compartilhar ou trocar materiais, percepções, sugestões. Parece-me que as lições aprendidas, pelo menos por mim, estavam mais relacionadas à cordialidade com os colegas e à possibilidade de ajudar ou ser ajudado a superar alguma dificuldade encontrada no cumprimento dessas atividades do que ser criativo, inventivo, perceptivo, sensível, crítico; um artista como já sonhava ser!

Aos poucos, o sonho de ser pintor foi sendo substituído por outras experiências. Não sei exatamente quando, mas acredito que por volta dos 13 ou 14 anos de idade. Comecei a trabalhar oficialmente aos 14 anos, era o *office-boy* de uma loja de decoração. Passei a estudar no noturno e um dos meus projetos de vida tornou-se o ingresso na Aeronáutica em Brasília. E, por razões econômicas, o governo federal não alistou nenhum rapaz, dispensou-nos todos, não sendo realizado meu desejo de me mudar de Jataí.

Essa porta se fechou para uma outra se abrir. Logo que retornei de Brasília, a Secretaria Municipal de Cultura havia recém-inaugurado o Museu de Arte Contemporânea de Jataí (MAC), que disponibilizaria, a partir de então, uma intensa programação de exposições e cursos. Nesse contato, todo aquele desejo reprimido veio à tona e comecei a pintar.

Como eu já trabalhava, ganhava meu dinheiro, dei-me a oportunidade de experimentar, sob as orientações de uma professora de Educação Artística, licenciada na Universidade Federal de Uberlândia (UFU), materiais tradicionais e próprios à pintura e ao desenho, ainda restritos e limitados às condições culturais do interior de Goiás, na década de 1990, como tela, papéis aquareláveis e não aquareláveis, giz pastel oleoso, tinta a óleo, aquarela, aguarrás, pincéis, espátula, entre outros.

A partir de então, passei a me dedicar à pintura. Ora eu pintava a óleo, ora aquarelava, ora coloria com lápis de cor ou giz pastel e, ainda, explorava materiais e possibilidades, como técnicas mistas, envolvendo colagem e pintura.

As temáticas partiram de revisitações dos temas utilizados por artistas consagrados pela história da arte e pela cidade, com variações em torno dos nus, das paisagens urbanas, dos casarios. Mas tinha especial predileção pelas folhagens de bananeiras, extremamente comuns nos quintais de Jataí. Suas linhas retas e seus verdes intensos me desafiavam a pensar esteticamente e a criar infinitas composições.

Diferentemente da escola e da convivência com a Ge, o MAC de Jataí exerceu importante influência em meus encontros com as imagens da arte. A cada dois, três meses era inaugurada uma nova exposição, o que ampliava significativamente meus contatos com temáticas, suportes e materiais artísticos experimentados pelos artistas plásticos em cena. E, a partir da inauguração do MAC, em maio de 1995, comecei a interagir com imagens produzidas por Suely Lima, Morena, Joice Carvalho, Assis, Zé Cesar, Omar Souto, Maria Guilhermina, entre outros que expunham suas imagens no museu recém-criado.

Nunca fui exigente ao ponto de Cézanne (1839–1906), o pintor francês que, para cada trabalho tido como finalizado, eram-lhe necessárias cem ou mais sessões para obter uma natureza-morta ou um retrato, como informou Merleau-Ponty (2013). De tal modo, tomei coragem e expus minhas pinturas, meus exercícios poéticos, como disseram alguns, os mais exigentes.

Intuitivamente, e distante das regras especializadas do universo das Artes Visuais, eu cuidava carinhosamente de todo processo, desde a produção dos convites à montagem da exposição.

E, para além dos prazeres estéticos que as pinturas me proporcionavam, da esperança de conseguir um espaço especial para expor minhas pinturas, da alegria de receber os elogios e as sugestões, imaginava-me me transformando em um artista plástico.

Desse modo, os contatos com o MAC de Jataí foram extremamente enriquecedores no tocante às experiências estéticas, aos debates, às contemplações, às reflexões. Do mesmo modo, foi significativo o contato com livros de arte, sempre orientadores, no sentido de dar continuidade aos meus estudos em nível universitário. No final de 1998, inscrevi-me para o vestibular em Licenciatura em Educação Artística, habilitação em Artes Plásticas, e, aprovado, iniciei o curso em 1999.

Iniciei, ou melhor, continuei minha preparação para o exercício docente cursando a Licenciatura em Educação Artística, na Faculdade de Artes Visuais da Universidade Federal de Goiás (FAV/UFG), em Goiânia. Essa foi a primeira vez que saí da casa de meus pais e de Jataí, alimentado pelo desejo de aprender e me formar professor de Artes Visuais.

E lá estava eu, dia 19 de abril de 1999, uma terça-feira, pela manhã, para frequentar a primeira aula do curso, a disciplina Desenho de Modelo Vivo. Enquanto esperávamos a professora, pude pensar: seria a minha vez de aprender a produzir meus próprios desenhos? O currículo me permitiria criar um caminho pessoal, autoral e experimental? O que seria Educação Artística? O que se esperava de um professor de Artes Visuais? Como me tornaria um?

A sala de aula em que aguardávamos era muito diferente das que estava acostumado a frequentar na educação básica. Era uma sala-ateliê ampla, arejada e bem iluminada. Possuía muitos desenhos, uns amontoados, outros dependurados, alguns inacabados. Respingos de tinta nas mesas, nas paredes, no chão. Cheiros, muitos cheiros, de tinta a óleo, guache, aguarrás, argila seca, mas não queimada, dos trabalhos da disciplina Escultura que os estudantes do ano anterior não levaram consigo e que foram guardados no ateliê das disciplinas que trabalhavam as produções bidimensionais.

Nós estávamos todos em círculo enquanto aguardávamos a professora, alguns calados, outros iniciando amizades. Enfim, ela chegou! Chegou muito bem vestida, apresentou o conteúdo programático da disciplina para aquele ano e nos indicou uma listagem de materiais que deveríamos comprar. Na apresentação do seu currículo artístico, que era amplo e repleto de desenhos e pinturas, a maioria era retratos de autoridades como: governadores do estado de Goiás, prefeitos de Goiânia e reitores da UFG, os quais era convidada a desenhar.

Além disso, com tom orgulhoso, a professora Maria Veiga disse que era neta do famoso artista Veiga Valle (1806–1874), um dos expoentes da arte sacra em Goiás. José Joaquim da Veiga Valle, escultor e dourador de altares católicos. Muitos estudantes já sabiam do domínio que ela exercia sobre as linhas, as formas, as cores, enfim, que desenhava muitíssimo bem, e eu não, ficando completamente encantado com sua habilidade para desenhar! E, para completar seu "jogo de sedução", afixou uma folha A2 em uma prancheta e, em poucos minutos, desenhou o rosto de um colega, expondo suas habilidades e nos convidando ao exercício de desenhar. Ah, como gostaria de ter sido eu o retratado! E como gostaria de desenhar tão bem, com tamanha facilidade e beleza!

Nessa disciplina experimentamos algumas técnicas de desenho de observação. Iniciamos desenhando folhas secas, depois partes do corpo humano e, por fim, o corpo inteiro. No segundo ano do curso, a disciplina Desenho, cujo nome era Formas do Bidimensional, que passou para um semestre apenas, o desafio foi desenhar os modelos vivos, animais e pessoas, em movimento. Desenhamos animais no zoológico e pessoas nas ruas, nos pontos de ônibus, nas feiras, atuando em peças teatrais.

Infelizmente, não guardei nenhum exercício visual dessa época e de muitas outras. Essas ausências têm dificultado a documentação e a compreensão de meu processo pessoal de me tornar um pintor, mas não me impede a memória do trabalho afetivo e seletivo de relembrar essas experiências imagéticas.

As aulas de História da Arte I me fascinaram porque me conectaram com uma dimensão do trabalho com as artes plásticas que eu não imaginava existir. Sala de aula escurecida, olhos e ouvidos atentos para aprender todos os elementos que caracterizam a Arte Rupestre e Antiguidade Clássica à época. Conceitos como arte e subsistência, arte e magia, naturalismo, simetria, harmonia, acabamento, proporção eram pronunciados e identificados pelo professor nas imagens que nos apresentavam sobre os períodos estudados.

Percebo hoje, alguns anos depois, que as discussões dessa disciplina foram muito eurocentradas, colonizadoras, lineares, descritivas e limitadas ao exercício de recontar as histórias que os livros tradicionais de história da arte já nos contavam. Nunca fomos desafiados a estabelecer relações com o nosso contexto visual, nem com o da educação das artes visuais, que iniciavam reflexões em torno da ditadura da linha do tempo nas aulas. À época, já se conclamava uma educação em Artes Visuais orientada por necessidades interdisciplinares e interculturais.

Havia, ainda, as disciplinas de Teatro, de Canto Coral, de História da Música que compunham nossa formação em Educação Artística com habilitação em Artes Plásticas. Uma formação polivalente que prepara professores para propor, ao mesmo tempo, atividades cênicas, musicais e visuais. Essa concepção passou a ser questionada porque era superficial, enfatizava a experiência educativa em arte por meio de atividades descontextualizadas e desencontradas umas das outras, e, dessa maneira, não assegurava a aprendizagem consistente que o ensino especialista poderia oferecer.

Então, para atender aos ditames da nova Lei de Diretrizes e Bases da Educação Nacional (LDB), de 1996, o corpo docente discutiu os caminhos e as alternativas possíveis para corrigir equívocos decorrentes da abordagem polivalente ainda vigente no curso. O caminho, a partir de então, era a formação especialista, propondo a licenciatura ou em Artes Visuais, ou em Dança, ou em Música, ou em Teatro. Elas deveriam ser afinadas com o novo cenário para a formação de professores que, no meu caso, discutiria com maior profundidade e propriedade o ensino e a aprendizagem centrados nas experiências com as imagens.

O grupo docente da FAV, responsável pela elaboração da nova matriz curricular, sugeriu que minha turma migrasse para o novo currículo, para que pudéssemos viver as experiências visuais que o desenho curricular atualizado passaria a oferecer. Eu, que não tinha nenhuma intimidade com as propostas das disciplinas de Música e Teatro, por exemplo, comecei a influenciar alguns colegas, os mais próximos, para que concordassem com a migração. Para convencê-los, meus argumentos partiram do pressuposto de que, com uma formação mais específica e atualizada, seríamos professores mais criativos, críticos, reflexivos e capazes de desenvolver propostas educacionais com mais consistência e sintonia com cada contexto escolar.

Ao migrar, deveríamos assumir o compromisso de cursar, aos sábados, as disciplinas que integravam o primeiro ano letivo do novo currículo em Artes Visuais que não foram cursadas no primeiro ano, ainda sob as orientações do currículo de Educação Artística. E a migração aconteceu e pudemos verticalizar nossos conhecimentos em Artes Visuais e suas relações com a escola. Por exemplo: a disciplina de História da Arte, que anteriormente era ministrada apenas nos dois primeiros anos do curso e com caráter universal e polivalente, o que incluía a história da Música e do Teatro, passou a ser ensinada nos quatro anos, abarcando também a história das Artes Visuais na América Latina, no Brasil e em Goiás. Verticalizamos, do mesmo modo, as discussões, as disciplinas referentes aos aspectos socioculturais da imagem, às poéticas e às teorias da arte contemporânea, à fotografia e aos novos meios, à metodologia do trabalho de investigação.

Em relação à aprendizagem dos processos investigativos, o desenho curricular que nos acolheu nos desafiou a escrever um trabalho de conclusão de curso (TCC). A nossa foi a primeira turma de formação de professores de Artes Visuais, na história da UFG, a escrever um TCC. O meu foi escrito com mais três colegas, devido à falta de professores que pudessem nos orientar individualmente. Decidimos, depois de muitas conversas e reflexões, traçar o percurso histórico da Licenciatura em Arte na UFG. O especial dessa experiência foi que, além de termos conhecido a história da formação de professores de Artes Visuais no Brasil e em Goiás, pudemos nos reconhecer nele.

Investigar e redigir nosso TCC traçando o percurso histórico da Licenciatura em Arte na UFG colaborou para a definição dos temas do ensino de Artes Visuais que, desde então, venho estudando como, especialmente, a história e a teoria da arte educação no Brasil e a formação de professores de Artes Visuais. Na UFG, a Licenciatura em Desenho e Plástica foi criada em 1974, amparada pela lei de 1968, que imprimia uma abordagem tecnicista. Em 1984, mais uma modificação curricular: a proposição da Licenciatura em Educação Artística, que assumiu o caráter polivalente e, em 1999, foi transformada em Licenciatura em Artes Visuais, sendo implementada em 2000.

Para construirmos as análises de cada modificação curricular, examinamos leis e normatizações para a formação de professores em nível superior e seus desdobramentos e influências na formação de professores de

Artes Visuais. De caráter histórico e documental, empreender o percurso da Licenciatura em Artes Visuais na UFG, desde sua origem até o ano de 2000, sedimentou ainda mais minha formação pessoal e suscitou a continuidade de meus estudos na pós-graduação. Em especial, permitiu posicionar-me de modo mais sensível, imaginativo, compreensivo, crítico e criativo diante das práticas escolares cotidianas que tenho praticado.

A presença do TCC "Percurso Histórico da Licenciatura em Artes Visuais na Universidade Federal de Goiás" em minha formação inicial marcou minha singularidade, definiu rumos profissionais e se contrapôs a afirmação recorrente, segundo a qual Arroyo (2012, p. 27) afirma ser

> [...] provável que a maioria dos docentes saia dos cursos de licenciatura, de pedagogia sem a garantia de seu direito à memória de sua história. Terão de aprender esses outros referentes identitários, tão tensos no chão da sala de aula, aprendê-los solitários ou em coletivos docentes.

Sem dúvidas, o novo currículo foi um avanço significativo relacionado às questões específicas das Artes Visuais e um enrijecimento às outras manifestações artísticas. Entretanto, endogenamente, não estabelecemos mais nenhuma relação com a Dança ou a Música ou o Teatro, nem com outras áreas do saber importantes ao professor de arte e ao artista. Nesse contexto, as disciplinas práticas passaram de um ano para seis meses, enquanto as teóricas se ampliaram e ocuparam a maior parte dos quatros anos do curso. Em razão da redução da carga horária das práticas de ateliê e da ênfase nos aspectos históricos e teóricos das Artes Visuais, bem como nas experiências docentes que os estágios protagonizavam, o novo currículo da Licenciatura em Artes Visuais fez com que eu fosse, aos poucos, deixando de experimentar e explorar a pintura, modalidade expressiva responsável por minha caminhada até aquele momento importante de minha transformação em professor.

No contexto da disciplina Atelier II – Gravura e Pintura, passamos um único semestre dedicado **à** pintura, experimentando, sobretudo, a paleta de cores. Os desafios propostos pela professora consistiram em transformar as cores primárias em secundárias e em terciárias, sucessivamente. Depois, experimentamos fazer tintas utilizando pigmentos naturais. Nessa experimentação, explorei tonalidades das terras avermelhadas, pintando as placas de papelão com formas geométricas, quase uma cópia das pinturas de Piet Mondrian (1872–1944).

É sabido que um currículo recorta uma parte do todo, selecionando algumas experiências em detrimento de outras (Sacristán, 1995). Essa seleção sempre produz territórios de disputas (Arroyo, 2012) para se tornar texto, discurso, documento de identidade (Silva, 2011). Entretanto, discordei do recorte curricular proposto à Licenciatura em Artes Visuais de reduzir, drasticamente, a carga-horária das disciplinas de expressão, de ateliê, pois nos distanciou da cozinha, das experimentações, dos materiais e dos procedimentos criativos, do tempo da criação, entre outras dimensões importantes e necessárias à formação de professores.

O currículo é campo de disputas, o que gera questionamentos constantes. Eu, imerso nas atividades do curso e observando meu processo, questionava se seis meses seriam suficientes para consolidar as aprendizagens relacionadas às imagens em suas dimensões de produção e recepção. Se, em meus processos pedagógicos, conseguiria mobilizar e ampliar mundos internos dos estudantes, enriquecendo seus imaginários e ampliando as capacidades expressivas. Se me formaria competente para criar situações diversificadas de experimentação, manipulação e criação artísticas, a partir do uso consciente e inventivo dos materiais plásticos. Se práticas pedagógicas, por mim praticadas, contribuiriam para a formação de valores dos estudantes, oportunizando situações variadas de fortalecimento do sentimento de pertença em suas culturas.

Na metade do curso em diante, deixei de produzir e de expor meus exercícios visuais como fazia em Jataí. E, mais uma vez, preciso considerar que o currículo que pratiquei como estudante de graduação não incentivou, tampouco ofereceu condições para que pudesse encontrar minha voz, minha expressão pessoal, meus desenhos perdidos, pouco praticados, mas tão desejados.

Assim como as presenças, as ausências curriculares devem ser observadas. Elas também nos desenham, nos transformam. E, nesse processo, a nova organização curricular da licenciatura, hegemonicamente recortada nas Artes Visuais, pouco verticalizou suas conversações em torno das imagens técnicas, geradas por aparelhos, como define Flusser (2002). Desconsiderando, portanto, a ampliação do universo visual que, à época, já se fazia fértil e prenhe de possibilidades, sendo a fotografia uma de suas precursoras responsáveis por tal contexto.

As escolas do século XXI abrigam milhares de estudantes que estão forjando suas subjetividades e identidades conectados ao mundo digital, mediados pelos aparelhos de telefone celular, smartphones ou tablets. Nessa direção, o currículo que me formava professor de Artes Visuais avançou pouco, contemplou apenas a disciplina Atelier IV Fotografia – Novos Meios, para nos ajudar a compreender melhor nossos cotidianos alterados pelo excesso imagético, que as redes sociais produzem e vinculam. Infelizmente, as discussões abarcaram muito mais a técnica fotográfica do que seu potencial expressivo, comunicativo e de interação com o mundo, desconsiderando completamente o papel central que as imagens ocupam na vida contemporânea.

Ainda, discussões referentes às imagens em movimento, em especial as do cinema, também não foram contempladas. E é importante lembrar que a cinematografia se iniciou inteiramente visual, somente algumas décadas depois que o som foi integrado às imagens, gerando agenciamentos que hoje denominamos de audiovisuais. Todavia, não perdeu sua natureza imagética, pelo contrário, enriqueceu-se e, dessa forma, sua inclusão nas práticas educativas escolares e nas de formação de professores, em suas dimensões de criação e reflexão, é imprescindível.

Foi hegemônico em minha formação inicial conhecer a cultura escolar. De fato, o grupo docente que redesenhou o currículo o fez recheado de disciplinas relacionadas a essa dimensão importante e necessária da formação de professores de Artes Visuais, tais como Educação Especial; Percepção e Aprendizagem; História do Ensino das Artes Visuais no Brasil; Práticas Pedagógicas I, II; e Didática e Prática Pedagógica em Artes Visuais; bem como as ministradas pela Faculdade de Educação da Universidade Federal de Goiás (FE/UFG): Políticas Educacionais Brasileiras; Educação Brasileira; e Psicologia da Educação.

Nesse contexto curricular que passei a viver, a aproximação com as escolas-campo aconteceu logo no segundo ano do curso. E como foi bom entrar nelas pelo portão dos professores e percorrer espaços que, quando estudante, não me eram permitidos!

Nessas recordações, percebi que a disciplina Práticas Pedagógicas em Artes Visuais II foi uma das que mais contribuíram para o modo como penso a escola, como desenvolvo meus conjuntos de aprendizagens na educação básica e como tenho orientado os grupos de estudo dos professores que ministram Arte nas escolas da Secretaria de Educação, Cultura e Esportes (Seduce), via Centro de Estudo e Pesquisa Ciranda da Arte, onde atuo como professor na formação continuada.

Uma das exigências para o cumprimento dessa disciplina foi a criação de uma Unidade Temática de Ensino (UTE). Essa maneira de planejar, desenvolver e avaliar uma experiência pedagógica consistiu na elaboração de sete aulas, integradas umas às outras e associadas a uma temática específica do universo das Artes Visuais como a vida de um ou vários artistas; uma escola ou período específico da história da arte; a exploração de uma técnica ou de material plástico em especial. As aulas deveriam ser formuladas a partir da estrutura proposta por objetivos específicos, procedimentos metodológicos, conceitos, palavras-chave e recursos materiais e imagéticos.

Ao organizar as ações pedagógicas nessa lógica, a cada aula novas palavras-chave, novas explorações e novas interações imagéticas eram demandadas. Reforçavam-se os conceitos trabalhados na aula anterior, ampliando-os e consolidando, dessa maneira, as aprendizagens e fortalecendo as identificações culturais dos estudantes e minhas, pois ninguém escapa aos imperativos curriculares, aos desenhos que eles executam em nossas subjetividades.

Arte e Biografia foi o tema escolhido por mim para desenvolver a UTE com os estudantes da turma F, do segundo ciclo, da escola municipal que nos acolheu para o estágio daquele ano. Nos anos 2000, o ensino fundamental, na rede municipal de Educação de Goiânia, era organizado em Ciclos de Desenvolvimento Humano, sendo que a turma F correspondia ao sexto ano do Ensino Fundamental. Para o cumprimento dessa Unidade, selecionei como objeto de estudo as pinturas de Antônio Batista de Souza, o Poteiro, um artista português, de Santa Cristina da Posse, que viveu sua vida artística em Goiânia, capital de Goiás.

O Poteiro "não planeja seus quadros, enfrenta a brancura da tela apenas com o rescaldo de suas vivências, suas crenças e informações (difusas) que recebe", escreveu Lacerda (1985, p. 171). Para mim, ele pintou como ninguém a cultura popular brasileira e goiana. Escolhi suas imagens pelo lirismo e pela simplicidade com que suas formas e cores tornaram visíveis suas reflexões, percepções e impressões sobre a vida.

Assim sendo, gostaria que os estudantes, meus colaboradores no estágio supervisionado da disciplina Práticas Pedagógicas em Artes Visuais II, conhecessem um artista "goiano de alma e coração", cheio de poesia e candura, que pinta em suas telas girassóis e crianças cirandando nos céus. Um artista singelo que transita livremente como passarinho, da pintura à escultura, preferindo esta àquela. Essa liberdade inspirou-me na criação das atividades que igualmente passariam do bi ao tridimensional.

Não sei se era intenção da professora, mas concluí que aquela forma de planejar, desenvolver e sistematizar os conhecimentos em Artes Visuais era híbrida. Em sua composição, a organização da UTE se vincula, para mim, ao pensamento de Dewey (1980), Bruner (1960) e Barbosa (2001a), pois eram os autores mais comentados por ela em suas explanações e arguições.

Para a coerência com Dewey (1980), a UTE deveria proporcionar as aprendizagens de conceitos por meio da experiência. Arte como experiência. Um todo vivido. Uma experiência-vida que une pensamento e comportamento, provocando reflexões transformadoras, portanto, educativas. Amparando-me nas concepções de Bruner (1960), por meio da prática de um currículo em espiral, as experiências a serem vividas foram organizadas de maneira que os estudantes vivenciassem o mesmo conceito-tema em diferentes níveis de profundidade e modos de representação. E dada a importância das imagens para a educação das artes visuais, a abordagem metodológica das aulas deveria ser conduzida a partir "da apreciação, da história e do fazer artístico", conforme Barbosa (2001a, p. 4).

Ao ingressar na Licenciatura em Artes Visuais, tive meus encontros com as imagens ampliados intensamente. Passei a frequentar espaços expositivos consagrados, como: o Museu de Arte Contemporânea de Goiânia, o Museu Oscar Niemeyer, em Curitiba, o Centro de Arte Contemporânea Inhotim, em Brumadinho/MG, o Museu de Arte de São Paulo, algumas edições da Bienal Internacional de São Paulo, a Oficina Brennand, em Recife, entre muitos outros centros para interagir com arte contemporânea indígena, africana, goiana, brasileira e internacional.

Pude, além de compreender e interpretar sensível, imaginativa e criticamente esse repertório de imagens, conhecer conceitos, procedimentos, materiais, suportes, instrumentos, técnicas e vocábulos relacionados às Artes Visuais contemporâneas em suas diversas manifestações, como, por exemplo, a arte tecnológica, as *performances*, as instalações, as assemblagens, as interferências. Do mesmo modo, passei a conviver com aspectos do circuito das artes ainda desconhecidos, como as curadorias, os salões, as galerias, os *marchands*.

Nesse meio tempo, me formei e concursei-me professor de Artes Visuais para educação básica nas redes municipal de Goiânia e estadual de Goiás. Assumi uma carga horária extensa em duas escolas, o que, infelizmente, diminuiu consideravelmente minha frequentação aos espaços expositivos, adiando, mais uma vez, meu retorno à pintura. Dessa maneira, meus encontros com as Artes Visuais aconteceram muito mais na criação das UTEs desenvolvidas com os estudantes do que nos museus e nas galerias de arte contemplando ou expondo.

"Ensinar exige reflexão crítica sobre a prática [...] envolve o movimento dinâmico, dialético, entre o fazer e o pensar sobre o fazer" (Freire, 1996, p. 38). Motivado por essa afirmação, produzi minha experiência de me tornar professor de Artes Visuais mestre em Cultura Visual junto ao Programa de Pós-Graduação em Cultura Visual, da FAV/UFG, na linha de pesquisa Educação e Visualidades, sob as orientações cuidadosas da professora Alice Fátima Martins. Mais ao final da escrita da dissertação, consegui construir o título, que assim ficou: "Outros modos de ver: imagens cinematográficas no ensino de artes visuais" (Assis, 2007).

Nenhuma escolha é neutra, pois revela, sempre, nossa subjetividade e as condições contextuais em que estamos inseridos. Ajudaram a definir o objeto de estudo na investigação do mestrado, o reconhecimento da ausência total do cinema em minha história de vida e o estudo que realizei a partir de dez planejamentos curriculares, cujo relatório final foi intitulado "O que ensinaram os professores de Arte do ensino médio na Subsecretaria Metropolitana de Educação, no ano de 2003?".

Ou seja, meu projeto de pesquisa propôs reflexões sobre minhas práticas docentes, a partir de um conjunto de aprendizagens envolvendo as imagens técnicas, deflagrado com os estudantes do ensino médio. Como todo desenho curricular "seleciona elementos, valoriza mais certos componentes em relação a outros", ressalta Sacristán (1995, p. 97), escolhi as imagens eletroeletrônicas da origem do cinema francês, especialmente as produzidas pelos irmãos Lumière e Georges Méliès, para viver mais essa experiência transformadora.

Metodologicamente falando, a experiência foi uma oportunidade importante, aprendi muito, pois fui desafiado a compreender e praticar procedimentos investigativos mais participativos e dialógicos na identificação das razões pelas quais as imagens cinematográficas não eram desenvolvidas em conteúdos nas aulas de Artes Visuais, em suas dimensões de apreciação, de contextualização ou compreensão crítica e sensível e de produção. Esse contexto seria motivado pela falta de estrutura das escolas ou pela falta de formação específica para os professores desenvolverem a linguagem ou pela falta de interesse dos estudantes?

No desejo de identificar as possíveis razões da ausência do cinema nas escolas e motivado por seus princípios reflexivos e práticos, conjuguei alguns aspectos da pesquisa-ação com outros da pesquisa docente. E, ao viver esse processo transformador, fui aprendendo que a pesquisa-ação é um procedimento de investigação social que se utiliza uma ação de intervenção que, dialogada e transformadora, modifica as concepções do grupo social inserido na pesquisa, gerando, tanto nos pesquisados como nos pesquisadores, outros modos de perceber, conhecer e agir. A pesquisa docente é um procedimento de investigação educacional que propõe uma reflexão-na-ação, segundo a qual a análise e a interpretação da própria prática resultam em tomadas de consciência, em mudanças paradigmáticas e na criação de conhecimentos mais específicos e especializados relacionados à atuação docente.

Voltando ao relatório final do estudo que fiz sobre "O que ensinaram os professores de Arte do ensino médio na Subsecretaria Metropolitana de Educação, no ano de 2003?", produzi uma tabela como procedimento de organização dos dados dos dez planejamentos curriculares de escolas públicas estaduais observados. A seleção dos currículos atendeu a duas condições: deveriam ser representativos das diferentes regiões de Goiânia e estar estruturados de modo semelhante, contendo os seguintes itens: justificativa, objetivos, conteúdos, processos didático-metodológicos, recursos materiais e bibliografia.

A tabela foi desenhada em quatro colunas. Distribuí em cada uma delas os conteúdos relativos ao primeiro, segundo e terceiro anos do ensino médio e os processos metodológicos utilizados para o desenvolvimento dos conteúdos. A partir desse contato inicial, os conteúdos e os procedimentos metodológicos revelaram inúmeras questões importantes para o diálogo, para a reflexão sobre a educação das Artes Visuais. Entre os questionamentos, a presença tímida e instrumental das imagens técnicas, em especial das imagens do cinema que, infelizmente, apenas um único arranjo curricular elencou tal conhecimento como conteúdo a ser estudado.

Inserido nesse contexto, desenhei a Unidade Temática de Ensino (UTE) "Irmãos Lumière e Georges Méliès mediando a aprendizagem do cinema", para ser desenvolvida em vinte aulas, com meus estudantes do segundo ano do ensino médio. Suas atividades consistiram na fruição e na análise dos filmes desses percussores do cinema e na realização de exercícios com poéticas e técnicas relacionadas às imagens em movimento, cujo desafio era buscar aproximações com elementos da obra desses pioneiros. Ou seja, as produções artísticas dos estudantes incidiram em apresentar registros documentários e narrativas ficcionais sobre o universo sociocultural da escola que nos abrigava.

O curta *Cadê o professor?* foi realizado à maneira dos irmãos Lumière. Ou seja, é um documentário de um minuto apenas, em plano sequência, que utilizou a sala de aula como cenário e os estudantes como atores para problematizar uma situação comum naquele contexto: a constante ausência dos professores nas aulas. O docente que deveria assumir a aula não foi à escola, não organizou uma substituição e nem sequer uma atividade, deixando os estudantes ociosos. A câmera, denunciando, passeia pela sala e enquadra os grupos que, espontaneamente, formaram-se em torno do aparelho celular ou dos materiais estéticos ou da resolução das atividades para a aula seguinte.

A mágica dos professores foi o curta desenvolvido pelos educandos da sala D à maneira de George Méliès. Como as outras produções, essa também foi realizada com duração de apenas um minuto, utilizando a própria sala de aula como espaço cenográfico e os discentes como atores. O filme foi concebido com base nos efeitos de trucagem propostos por George Méliès, em que objetos cênicos que compunham seus filmes apareciam, desapareciam ou eram substituídos como mágica.

Assim sendo, os estudantes se orientaram pela constante mágica de substituir, em cena, os professores. Com enquadramento fixo no quadro-giz, o vídeo iniciou-se pela lateral esquerda e os professores eram substituídos com o simples gesto de ligar e desligar da câmera filmadora. A ação terminou na lateral direita do quadro-giz e a escolha por representar/capturar os docentes de costas para os estudantes, apenas escrevendo seus conteúdos no quadro, foi uma tentativa de problematizar essa postura tão usual de que os estudantes não gostavam e, portanto, convocavam mudanças.

Essa experiência me permitiu inúmeras aprendizagens e reflexões. Algumas delas se referem, por exemplo, ao fato de que, sendo o cinema uma linguagem eminentemente coletiva, ele pode encontrar no ambiente escolar e nos estudantes do ensino médio espaços profícuos e alegres para experimentações e criações diversas. Outras se referem ao meu rito de iniciação no universo das imagens técnicas, em especial as imagens eletroeletrônicas francesas do início do século XX, evidenciando, dessa maneira, as tentativas exitosas para procurar superar os prejuízos em minha educação estética e em minhas práticas pedagógicas.

Desse modo, refletir-na-ação e sobre-a-ação me possibilitou, em especial, experimentar e reconhecer que, conforme Arroyo (2012, p. 28) afirma, as

> [...] tensões de conformação das identidades profissionais que acontecem nas salas de aula não são tanto entre o ser ensinante e o ser educador, mas a tomada de consciência de que ensinamos como gente a alunos que são gente. Que em todo processo de ensinar-aprender entramos mestres e alunos com nossa condição humana, com nossas culturas, valores, medos, traumas, vivências, esperanças, emoções. Este é um dos avanços mais radicais em nossas identidades profissionais.

Assim, ao me aproximar da cultura visual nessa experiência do mestrado, ampliei minhas relações com as imagens, tanto na dimensão de espectador como na de professor, mas, infelizmente, não na de artista visual, de pintor. Nessa ampliação, aprendi que deveria desconfiar mais das imagens, considerar seus conflitos, suas contradições, suas crises como potentes mecanismos que nos ajudam a explorar temas e inquietações contemporâneas e que colaboram para uma compreensão mais crítica, sensível, criativa, imaginativa das experiências que nos transformam. Esses apontamentos evidenciam que as imagens da arte, a publicidade e os objetos que habitam nossas casas são artefatos culturais, produtos sociais simbólicos que conformam nossas singularidades.

A cultura visual é considerada um campo de estudo transdisciplinar, híbrido e sustentado nos estudos culturais, feministas, pós-estruturalistas; na cultura material; na história cultural da arte; e em muitas outras tentativas de compreensão da vida e de interação com o mundo via imagens. Um de seus maiores desafios incide em desestabilizar hegemonias, entre cultura erudita e cultura popular, sobre as manifestações e as práticas do ver e do fazer, para explorar relações e possibilidades de interpretação e produção ainda não pensadas. Assim, surgem perguntas frequentes no cotidiano das aulas de artes, como: *"O que vocês veem nesta imagem?"*, ou *"Que história ela conta?"*, que se expandem e se movem para *"O que fala de você, da sua cultura, do seu tempo esta imagem ou objeto ou artefato cultural?"*.

Ao individualizar os questionamentos ao universo particular dos estudantes, a cultura visual passa a ponderar o contato com as imagens como sendo um conjunto múltiplo, complexo e contraditório de experiências. Igualmente, passa a ponderar que as relações com as imagens são construídas e motivadas pelas circunstâncias e pelas posições dos sujeitos que as olham. Essas relações partem do pressuposto de que os olhares são alimentados pelos lugares de onde os sujeitos olham, falam, relacionam-se, vivem. Desse modo, classe social, idade, orientação sexual, afetos, informações, preconceitos e expectativas de vida, de futuro, transformam-se em espaços de diálogos, de confluências, de produção, de compreensão e de interpretação crítica, sensível, acolhedora, respeitosa.

O que interessa, notadamente, aos estudos da cultura visual são os discursos que se produzem em torno das imagens, os dispositivos que lançam, as formas de subjetividade que geram, provocam, acionam. Em relação a essas condições, Hernández (2007, p. 71) alerta-nos que a finalidade da compreensão dos artefatos culturais agenciados pela cultura visual não é

> [...] destruir o prazer que os estudantes manifestam, mas explorá-lo para encontrar novas e diferentes formas de desfrute, oferecendo aos alunos possibilidades para outras leituras e produções de "textos", de imagens e de artefatos. No que se refere a isto, não se deve esquecer que eles podem apresentar sempre posicionamentos diferentes dos que gostaríamos que apresentassem, e que essas diferenças constituem também uma oportunidade para o debate na sala de aula e para que venham a assumir posicionamentos diferentes dos que apresentaram inicialmente.

A cultura visual surgiu, então, da necessidade de repensar a educação das Artes Visuais na escola. Ao enfatizar as experiências visuais cotidianas, procura desestabilizar as narratividades hegemônicas em torno do erudito e do popular, explorando maneiras singulares de interação com os objetos cotidianos de toda sorte. Assim o faz por concebê-los como lugares de produção e circulação de sentidos constitutivos de eventos sociais e históricos. Nesse bojo, encontram-se as obras de arte, as imagens publicitárias, artesanais, religiosas, médicas, da moda, do cinema, da informação e, com atenção especial, para os objetos que habitam as casas dos professores de Artes Visuais.

Meus encontros com a educação continuada de professores se deram em muitos lugares, especialmente na Secretaria de Estado de Educação, Cultura e Esporte de Goiás (Seduce) que, para organizar seus trabalhos e melhor atender às demandas individuais e coletivas de cada unidade escolar, organizou-se, agregando as centenas de escolas estaduais espalhadas pelos 246 municípios do estado em torno de Subsecretarias Regionais de Educação.

À época, em 2002, algumas dessas Subsecretarias possuíam uma coordenação responsável pelas ações artísticas das escolas a elas vinculadas. E o papel delas, especialmente o da Subsecretaria Metropolitana de Educação de Goiânia (Sume), a qual eu integrava e conforme Alcantara (2011, p. 8) afirma, consistia em

> [...] acompanhar os projetos de teatro, coral, bandas e fanfarras, realizados nas unidades escolares no turno de ampliação das aprendizagens. Estes projetos, denominados Projetos de Atividades Educacionais Complementares/PRAEC, tinham como perspectiva verticalizar e potencializar aprendizagens para além das disciplinas de sala de aula, oferecendo ao estudante uma linguagem artística específica, para o qual tinha o direito de optar.

Além de estarmos em Goiânia, capital do estado de Goiás, onde a maioria dos eventos culturais e ações formativas em arte aconteciam, o que nos diferenciava das demais Coordenações de Arte, era o fato de sermos a única, infelizmente e felizmente, composta por quatro professores, a maioria em processo de formação inicial nas áreas da arte exigidas pela Lei de Diretrizes e Bases (LDB – 9394), de dezembro de 1996. Eu a integrei cursando o quarto e último ano da licenciatura. Passei a ser formador de professores sem ainda ser formado. E por quê? Porque o contexto era e **é**, infelizmente, extremamente carente de profissionais qualificados nas diferentes linguagens e/ou expressões artísticas.

Ter me encontrado com a formação continuada de professores que ministram o componente Arte nas escolas estaduais foi divisor de águas em minha caminhada transformadora. O lugar da formação continuada de professores foi um espaço que descobri especial nas ciências da educação. Não só especial, mas necessário e urgente, pois, do contrário, não manteríamos acesa a paixão pela experiência de ensinar e de aprender. Porque só apaixonado, um professor se dispõe a aprender cotidianamente com seus estudantes, um tema novo e pertinente ao grupo.

Essa realidade anêmica e sucateada em que o componente Arte experimentava nas escolas estaduais continua a mesma dos meus primeiros anos de professor; aliás, ruiu ao ponto de a formação dos professores não ser uma das preocupações da gestão. Ainda se observa o componente sendo desvalorizado ao ser pulverizado na complementação de carga horária dos tantos professores que, sem formação específica e especializada em Arte, assumem algumas aulas somente para completação de suas cargas horárias e para melhoria de seus salários. Assim, questiono-me: como encantar sem estar encantado?

Em minhas andanças pela Secretária de Educação, encontrei narrativas queixosas para o componente Arte. Uma delas, o Programa Curricular Mínimo para o Ensino Fundamental, desenvolvido pela extinta Superintendência de Ensino Fundamental e Médio (Goiás, 1995, p. 19), constatava e afirmava que o componente Arte

> [...] tem sobrevivido sim, mas de forma precária ou quase nula. Não existe o professor habilitado em Educação Artística, atuando em sala de aula. De maneira geral, esta disciplina é ministrada aleatoriamente por professores de outras áreas, servindo-se dela apenas para complementar sua carga horária. Sendo assim este professor não tem um objetivo e nem entusiasmo, pois desconhece a fundamentação da disciplina.

Será mesmo que somente o conhecimento técnico da "fundamentação da disciplina" entusiasma e qualifica um professor de Arte?

Uma ação implementada nos anos 2000 pela Coordenação de Arte da Sume, movimentada pela Secretaria de Educação, que poderia ser resgatada e intensificada para os dias de hoje, foi o estabelecimento da "modulação dos professores com exclusividade nessa disciplina" (Alcantara, 2011, p. 9). Ou seja, todos os professores que ministravam Arte teriam sua carga horária preenchida somente por este componente, podendo, dessa maneira, aprofundar seus estudos, aproximar e experimentar o universo artístico com que mais se afinavam. Inclusive, mobilizaria as instituições de ensino superior a diversificarem seu cardápio de licenciaturas, ofertando cursos em Arte, em suas diversas expressões, também pelo interior do estado, atendendo, assim, um maior número de estudantes com uma educação artística mais consistente, imaginativa e crítica.

Essa ação permitiu o aparecimento de um quadro de 150 professores que ensinavam Arte nas escolas jurisdicionadas à Sume aproximadamente. Isso feito, gerou algumas demandas à Coordenação. Uma foi a ampliação dos momentos de formação continuada, e a outra foi a inclusão de vagas no concurso realizado em 2003, no qual fui aprovado. E, para ser detalhista, foi na criação do grupo de professores formadores, em 2002, que me integrei à Coordenação de Arte para assumir a educação em Artes Visuais.

Nesse novo contexto de minha caminhada transformativa, o primeiro curso oferecido pela Coordenação de Arte, em 2002, que participei foi o *Novas Metodologias para o Ensino de Arte*. Encontrávamo-nos três vezes por semana, para aproximar os professores-cursistas das concepções e das práticas de ensino das Artes Visuais, da Dança, da Música e do Teatro, disseminadas pelos Parâmetros Curriculares Nacionais (PCN). Esse curso se repetiu em 2003 e 2004. Nas duas primeiras edições, utilizávamos salas de aula emprestadas pelo Colégio Claretiano Coração de Maria e pelo Polivalente Modelo Vasco dos Reis. A terceira edição foi realizada nas dependências do Centro de Estudo e Pesquisa Ciranda da Arte.

Como me aprofundei nos fundamentos estéticos, filosóficos, metodológicos relacionados ao ensino das Artes Visuais! Talvez mais do que na licenciatura, porque precisei estudar, construir sínteses, ampliar reflexões, inventar materiais de apoio didático para dialogar com os pouco menos de 300 professores que concluíram o curso em suas edições. Para além desses aspectos importantes, aproximei-me muito mais do ofício de ensinar na escola pública estadual.

Os professores que estudavam comigo, a maioria mulheres, eram muito mais experientes que eu, tendo sido diretores, coordenadores pedagógicos, tutores e técnicos educacionais e professores. Migraram de componente curricular em que se concursaram para assumir sua carga-horária completa no componente Arte. Algumas fizeram essa migração porque eram artistas, artesãos, simpatizantes ou porque consideravam o componente de maior aceitação dos estudantes, ou por pensarem ser mais fácil de ser ensinado e aprendido, ou por ser um componente com menos importância e exigências nos diferentes exames nacionais.

Em 2004, a Coordenação de Arte conquistou o prédio da extinta Escola Estadual Pedro Ludovico Teixeira, situado na Vila Nova, região central e de fácil acesso. Essa conquista significou muito para a área do ensino de Arte. Redesenhamos territórios, tempos e relações nas pautas das escolas e da Seduce, sobretudo no que se refere às ações de formação continuada.

Em 2005, com sede própria, com o decreto-lei 15.255 da Assembleia Legislativa do Estado de Goiás, e mais experientes no ofício de agregar professores para estudar, desvinculamo-nos do Departamento Pedagógico da Subsecretaria Metropolitana de Educação, da Coordenação de Arte, e nos vinculamos à Superintendência de Avaliação e Desenvolvimento da Educação Básica para atender ao estado inteiro.

Essa foi uma ação da Secretária de Educação de então, a professora Milca Severino, ao reconhecer a importância da arte na educação dos estudantes da educação básica e, consequentemente, as ações que o Ciranda desenvolvia na Sume, em relação à educação continuada de professores. E assim, conforme documento orientador (Centro [...], 2015, p. 1), ficamos responsáveis pela

> [...] elaboração e implementação de processos formativos para os professores que ministram a disciplina arte, [pela] criação de grupos de produção artística, nas artes visuais, dança, teatro e música, em que os professores da rede podem cultivar suas práticas artísticas e promover a formação estética dos estudantes e da comunidade em geral por meio de apresentações artísticas e [pelo] fomento de pesquisas científicas como instrumento de conscientização e reflexão sobre a arte, a escola e suas experiências pedagógicas.

Com a oficialização do Ciranda da Arte, ganhamos mais autonomia e liberdade para sonhar, criar e trabalhar em prol das ações artísticas nas escolas da rede estadual de Goiás. Ampliamos e diversificamos os cursos de formação continuada para professores e continuamos a luta pela inclusão de vagas específicas para professores de arte nos concursos públicos que a Seduc realizava. Assim, o primeiro concurso em toda a história da Rede Estadual de Goiás que incluiu vagas específicas para o componente Arte foi realizado em 2003. A partir de então, outros vieram até 2010, sendo retomados em 2022.

Como um dos professores responsáveis pelos cursos de formação continuada, reconheci, rapidamente, que deveria aprofundar meus estudos formais. Ser apenas licenciado já não dava conta da responsabilidade assumida. Então, em 2005, iniciei meu mestrado em Cultura Visual, como narrei, desejoso de aprender mais, de partilhar experiências, de desenvolver minha investigação, de avançar mais um degrau no universo formativo acadêmico e nas relações profissionais, ou seja, transformar-me.

No Ciranda da Arte, exerci inúmeras funções pedagógicas e burocráticas. Além dos muitos cursos que ministrei, considero extremamente relevante ressaltar a experiência de coordenar a reorientação do currículo de Arte da rede estadual de educação, de 2007 a 2010, e de organizar os inúmeros seminários, encontros e colóquios, com o objetivo de agregar os professores, em especial os que ministravam o componente Arte, para partilhar experiências.

Os objetivos centrais da "Reorientação Curricular do 1º ao 9º ano – currículo em debate", que vigorou de 2004 a 2010, eram oferecer subsídios para o fortalecimento do trabalho pedagógico e melhoria da qualidade das aulas; reduzir das taxas de evasão e repetência nas escolas estaduais; implementar uma proposta curricular com novos recortes e abordagens de conteúdos e práticas docentes que assumam as aprendizagens específicas de cada área e das áreas ligadas à leitura e à escrita, como compromisso de todos; ampliar os espaços de discussão coletiva nas escolas e nas subsecretarias.

Congregar os desejos e os sonhos de centenas de professores, enaltecendo as peculiaridades culturais de suas diferentes localidades e de seus contextos e depois sistematizar toda essa carga subjetiva e objetiva em um texto único, oficial para todo o estado de Goiás, não foi tarefa fácil. Foram dias tensos e intensos em que aprendi, sobretudo, que o currículo é "um caminho que se constrói no caminhar: é nas escolas que o currículo acontece, concretiza-se" (Assis, 2009, p. 31).

Do debate à construção das orientações houve inúmeros conflitos, muitas divergências e confluências, muitas reflexões, ponderações, ajustes, renúncias e, principalmente, ricas aprendizagens. Uma delas foi a certificação da coexistência de múltiplas lógicas de relacionar, ver, criar, imaginar, simbolizar, investigar por meio das imagens, das representações cênicas e dos sons na educação das artes.

Nessa perspectiva, transcendi o lido e percebi que a educação das artes abriga, atualmente, várias concepções e práticas que se entrecruzam, se sobrepõem, se contrapõem, se complementam e, nessa articulação, convivem no imaginário da escola, desejando essa ou aquela experiência expressiva.

No papel de formador de professores e de coordenador pedagógico, aprendi que precisava ajudar a problematizar as relações que ocorrem dentro e fora das salas de aula, questionando aquilo que é aceito como dado, como algo considerado legítimo e sobre o que não se pergunta de quem é, a quem serve, ou quem o considera válido. Nesse lugar, aprendi que o currículo tem poder para determinar o que se deve processar em sala de aula e diferenciar mundos, sujeitos, conteúdos e práticas plurais — tanto para os estudantes quanto para os professores.

Dos inúmeros cursos que ministrei, enalteço *A educação das Artes Visuais na perspectiva pós-moderna*, com 180 horas distribuídas em três módulos. Esse eu elaborei e ministrei por três anos consecutivos. Geralmente, encontrávamo-nos às quartas-feiras para nos aproximar do universo das Artes Visuais na educação básica, para conhecer a história da arte, experimentar materiais e produzir imagens e reflexões visuais.

No primeiro módulo, apoiado, principalmente, nos manuais de história da arte, de metodologias de ensino e nas Leis de Diretrizes e Bases de 1971 e de 1996, discutimos questões mais contextuais tanto das Artes Visuais como de seu ensino. Para a educação das Artes Visuais, essas legislações marcaram e diferenciaram, significativamente, o perfil da atuação docente na escola. No segundo módulo, conhecemos alguns processos metodológicos modernos e pós-modernos de ensinar arte, partimos da livre expressão à proposta triangular. E, no terceiro, experimentamos materiais e possibilidades artísticas. Para além dos desenhos com carvão e das pinturas com pigmentos naturais, os professores criaram assemblagens, amparados no princípio de que todo e qualquer material ou objeto pode ser incorporado a uma superfície e se tornar obra de arte.

O trabalho final deveria ser uma assemblagem construída com objetos afetivos da escola ou da casa de cada um dos professores cursistas. Talvez eu tenha escolhido a assemblagem como gênero expressivo a ser experimentado nesse curso porque andava apaixonado pelas do Arthur Bispo de Rosário (1909–1989), que conheci quando fui monitor da exposição *Eu vim*, no Museu de Arte Contemporânea de Goiânia, em 1999. E também por suas produtivas relações com a obra de Marchel Duchamp (1887–1968), que igualmente me ampliaram mundos e possibilidades criativas. Para mim, esses dois artistas, ou antiartistas, ou nenhum dos rótulos pelos quais às vezes são chamados, ampliariam concepções do que poderia ou não ser produzido em arte e suas implicações nas aulas de Artes Visuais.

Nas três edições do curso, as assemblagens foram feitas com miniaturas de bonecas de plástico, joias, utensílios domésticos, artesanatos diversos, bolas de gude, porta-retratos, entre muitos outros objetos. Lembro-me da professora-cursista Francisca, que transformou sua bandeja de vime para servir café da manhã na cama em um enorme porta-retratos com algumas imagens da história da arte que mais lhe agradavam. Em sua apresentação, relatou-nos que suas motivações partiram das memórias da infância, pois, quando criança em sua cidade natal, a casa do Bispo, assemelhada a um museu, era aberta uma vez por ano para visitação das famílias católicas, e, dessas visitas, ela nunca se esqueceu de uma mesa de centro repleta de porta-retratos. Quiçá sua assemblagem abrigue memórias do curso, dos nossos encontros, em especial da ampliação de suas possibilidades pedagógicas e artísticas.

Ao entrelaçar os fios que me constituíram, nesta Parte I da narrativa, compreendi que ter as paredes de minha casa decoradas por pinturas, ter articulado cores e formas para pintar os panos de prato, ter estabelecido interlocuções com o museu de minha cidade natal, por exemplo, contribuiu para meu ingresso na Licenciatura em Artes Visuais e depois no mestrado em Cultura Visual. Somando-se a esse contexto as experiências políticas, pedagógicas e estéticas vivenciadas no Centro de Estudo e Pesquisa Ciranda da Arte, alimentaram o desejo de conhecer, no doutorado em Educação, as histórias que os objetos que habitam as casas dos professores de Artes Visuais contam.

Em 2010, após anos de trabalho, atravessando percalços e fazendo amigos, inscrevi-me para cursar o doutorado em Educação na Unicamp. Tendo sido aprovado, mudei-me para Campinas em fevereiro de 2011. Cheio de sonhos e desejos por aprender, mergulhei no desconhecido em que acabara de ser acolhido.

PARTE II

AS NARRATIVAS COMO METODOLOGIA, COMO PROCEDIMENTO DE PRODUÇÃO DE DADOS E COMO GÊNERO TEXTUAL DESTA PESQUISA

Em cena: os objetos biográficos e os objetos de status

A maior riqueza do homem
é a sua incompletude.
Nesse ponto sou abastado.
Palavras que me aceitam como sou - eu não aceito.
Não agüento ser apenas um sujeito que abre portas,
que puxa válvulas, que olha o relógio,
que compra pão às 6 horas da tarde,
que vai lá fora, que aponta lápis,
que vê a uva etc. etc.
Perdoai.
Mas eu preciso ser Outros.
Eu penso renovar o homem usando borboletas.
(Manoel de Barros, 2010, p. 374)

A incompletude humana, a princípio entendida como limitadora das possibilidades de agir e interagir no mundo, foi, aos poucos, sendo compreendida como ilimitada, rica em possibilidades de refazimentos, indicando movimentos diversos e renovações singulares. Ela nos tem impulsionado ao progresso, à complexidade, ao caminhar em muitas direções e sentidos, tanto para dentro quanto para fora de nós mesmos, suscitando constantes deslocamentos. E nessa paisagem, produzir esta narrativa é um impulso, um investimento em meu desenvolvimento pessoal, uma possibilidade brilhante de me redesenhar, de me refazer, de me transformar.

Ao cursar o doutorado em Educação, vivendo as múltiplas experiências desenhadas por ele, fui estimulado a repensar e indagar os modos pelos quais têm sido produzidos e validados os conhecimentos pelas ciências contemporâneas. No bojo das demandas, das reflexões e das incertezas, questionava-me se uma marca pessoal, aquilo que me constituiu como um sujeito singular, materializando minha maneira própria de ser e de conviver, poderia ser transformado em conhecimento acadêmico. E por quê? Para quê? Como ajustar meu olhar para perscrutar hábitos tão particulares e duvidar deles, problematizá-los e renová-los? Inserido nesse cenário, que metodologias e procedimentos inventar e/ou seguir? Quais verdades confirmar, refutar, produzir? Quais experiências transformam uma pessoa em um professor de Artes Visuais? Nesses processos transformadores, quais são as funções dos objetos que habitam suas casas? Assim como os acervos dos museus sugerem múltiplas possibilidades de conexões, oferecendo ao público narrativas que provocam e problematizam o existir humano, os objetos que habitam nossas casas poderiam, igualmente, provocar e problematizar o existir humano?

Nesse universo indagador, Bosi (2003, p. 23) ampliou meu olhar, fazendo-me perceber conceitualmente que criamos em torno de nós uma porção de "espaços expressivos" que são, igualmente, tentativas "de criar um mundo acolhedor entre as paredes que [nos] isolam do mundo alienado e hostil de fora". Tais espaços nos protegem das intempéries da vida ao mesmo tempo que nos ajudam a guardar nossas lembranças, enraizar em um canto qualquer do mundo e sonhar um futuro mais próspero ainda.

Para a autora, os objetos que habitam nossas casas podem ser divididos em dois grupos: um sendo composto pelos objetos biográficos, que são aqueles que envelhecem com seus possuidores. Por isso, são os objetos de uma vida, congregando relíquias de família, presentes da infância, do casamento, modelados, pintados; e o outro grupo, dos objetos de status, circunscreve-se aos objetos de consumo, apenas.

Bosi (2003, p. 26) afirma que quanto "mais voltados para ao uso cotidiano, mais expressivos são os objetos: os metais se arredondam, se ovalam, os cabos de madeira brilham pelo contato com as mãos, tudo perde arestas e se abranda". Em oposição, existem aqueles objetos que "a moda valoriza, mas [que] não se enraízam nos interiores [...] não envelhecem com o dono, apenas se deterioram" (Bosi, 2003, p. 26).

Há, sempre, em nossas casas, a possibilidade de atravessamentos entre essas categorias. Os objetos de status que ocupam nossas casas são habitantes do *Purgatório*, de *A Divina Comédia* (1304–1321, data aproximada), de Dante Alighieri (1265–1321). A eles são permitidos trânsitos plurais. Se os objetos de status vencerem as vicissitudes do tempo e testemunharem ou protagonizarem experiências transformadoras, serão convertidos em objetos biográficos. E os objetos biográficos podem, do mesmo modo, ser convertidos em "peças de mecanismo de reprodução de *status*" (Bosi, 2003, p. 29).

Ampliar olhares, acolher sentidos, ajustar o foco foram movimentos constantes nesse percurso, o que fez com que eu reconhecesse que meu objeto de pesquisa se forjava a partir das memórias pousadas nos objetos biográficos, transbordados de afetos e testemunhas ou protagonistas de histórias singulares.

E, assim, no bojo das histórias narradas pela professora Acordeão, em Jataí, um fragmento do poema *O Prato Azul-Pombinho*, de Cora Coralina (1889–1985), foi apresentado, alimentando de poesia a investigação. Curioso, comprei o livro *Poemas dos becos de Goiás e estórias mais* (1987) para ler o poema na íntegra e para possuir um livro dessa poeta sensacional, sensível e sincera. Uma surpresa! O poema lido e muitos outros ampliaram minha relação com os objetos que habitam nossas casas.

Cora Coralina, sensivelmente habilidosa em expressar o vivido, a partir de suas memórias geradas, a maioria delas, a partir dos objetos especiais, biográficos de sua casa colonial, situada às margens do Rio Vermelho, na cidade de Goiás. Como exemplo, Coralina (2014, p. 11) poetiza seu cotidiano:

> A busca aos gravetos do quintal, sempre generosos, para o primeiro fogo, o café da manhã. O pau de lenha. A xícara de sal, a compra resumida de um celamim de arroz... A batida ansiosa entre velhos e crianças, a intera de vintém de cobre para alcançar o valor de verde e cheiroso quilo de café. Os grandes inventos da pobreza disfarçada... Beldroegas... Um esparregado de folhas tenras de tomateiro. Mata-compadre de pé de muro. Ora-pronóbis, folhas grossas e macias, catadas das ramas espinhentas dum moiteiro de fundo de quintal. Refogados, gosmentos, comidos com angu de farinha e pimenta-de-cheiro, que tudo melhorava, estimulando, glândulas vorazes de subalimentados. O grande quintal gerador de abóboras, pepinos, quiabos e mandioca, abandonado ao mato invasor, na falta do braço escravo. Mangueiras, jabuticabeiras. Goiabas pelas pontas. Frutas no tempo certo. No tempo certo, vermelhas açucenas surgindo, místicas e solitárias, no seu caule esguio, entre predas calcinadas na aridez da terra cascalhenta. Neste meio me criei e me fiz jovem. Meus anseios extravasaram a velha casa. Arrombaram portas e janelas, e eu me fiz ao largo da vida. Andei por mundos ignotos e cavalguei o corcel branco do sonho. Pobre, vestida de cabelos

> brancos, voltei à velha CASA DA PONTE, barco centenário encalhado no Rio Vermelho, contemporânea do Brasil Colônia, de monarcas e adventos. Ancorada na ponte, não quiseste partir rio abaixo, agarrada às pedras. Nem mesmo o rio pôde te arrastar, raivoso, transbordante, lavando tuas raízes profundas a cada cheia bravia, velha casa de tantos que se foram. Ainda vive e pulsa aqui teu coração imortal, testemunha vigilante do passado. Humilde, pequenina e ofertante, a biquinha d'água, generosa, indiferente à decadência, a biquinha anciã de águas puras de ignota mina. Cantante e fria, correndo sempre menina na sua calha de aroeira. Biquinha, és banho e refrigério, copo de água cristalina e azul para sede de quem fez longa caminhada às vertentes do passado e volta vazia às origens da sua própria vida. CASA VELHA DA PONTE, és para o meu cântico ancestral uma benção madrinha do passado.

Por meio das narrativas de Cora Coralina, pude imaginar, sentir e conhecer melhor alguns aspectos de minha cultura goiana, tramados, também, a partir de objetos que habitaram, nos séculos passados, os casarões de Vila Boa, primeira capital do estado de Goiás, atual cidade de Goiás!

Somos goianos de gerações diferentes: na década de oitenta, do século passado, já era ela bem idosa, e eu uma criança de 6, 7, 8 anos de idade. Nascemos, crescemos e nos fizemos sujeitos nessas terras avermelhadas de Goiás. Cada um em uma região, porém, nossos anseios extravasaram nossas casas, fizeram-nos andar em outras localidades e aprender outros saberes e fazeres, bem como experimentar outros sabores. Suas imagens poéticas me ajudaram a sentir e a pensar a passagem do tempo, a finitude da vida e como fui, aos poucos, rendendo graças ao passado, à ancestralidade, ao vivido.

Uma outra experiência poética, *O Prato Azul-Pombinho* me remeteu a um tempo ainda mais distante do meu, recheado de lembranças imperecíveis, detalhadas, sentidas, magoadas e guardadas no armário de memórias de Cora Coralina (1987, p. 79-86):

> [...]
> Voltando ao prato azul-pombinho
> que conheci quando menina
> e que deixou em mim
> lembrança imperecível.
> Era um prato sozinho,
> último remanescente, sobrevivente,
> sobra mesmo, de uma coleção,

de um aparelho antigo
de 92 peças.
[...].

Paralelamente à produção dos dados, por meio das entrevistas narrativas e não diretivas, a participação nos cursos oferecidos pela pós-graduação em Educação, as reuniões de orientação, as leituras de poemas, ouvir músicas foi um dos rituais mais praticados por mim. Um ritual para alimentar minhas escritas. Ouvir, imaginar e devanear foram etapas primorosas desse ritual que tenho podido experimentar, quase diariamente. Algumas das músicas produziram sentidos e pensamentos especiais que alimentaram a investigação e me ajudaram a tecê-la.

Um exemplo desse processo nutritivo foi a música "Cantinho Escondido", que integra o álbum *Universo ao Meu Redor* (2006), de Marisa Monte; composta por ela e por Arnaldo Antunes, Carlinhos Brown e Cézar Mendes. Essa canção atravessou-me e suscitou imagens das casas que habitei e que sonhei habitar e daqueles lugares decorados pelos sonhos, pelas lembranças, pelo amor.

Essa música me ajudou na compreensão de outras dimensões dos objetos que habitam nossas casas e me fez acolher, no processo investigativo, os objetos quebrados, roubados, perdidos que insistiam, em memória, em habitar nossas casas, nossas vidas, nossas narrativas. "Os depoimentos que ouvi estão povoados de coisas perdidas que se daria tudo para encontrar quando nos abandonam, sumindo em fundos insondáveis de armários ou nas fendas do assoalho, e nos deixam à sua procura pelo resto da vida", narrou Bosi (2003, p. 29).

"Cantinho Escondido" (2006, faixa 7) embalou-me carinhosa e intensamente os sentidos e a imaginação ao organizar palavras, sons e silêncios, suscitando devaneios e expressando que

Dentro de cada pessoa
Tem um cantinho escondido
Decorado de saudade

Um lugar pro coração pousar
Um endereço que frequente sem morar
Ali na esquina do sonho com a razão
No centro do peito, no largo da ilusão

Coração não tem barreira, não
Desce a ladeira, perde o freio devagar
Eu quero ver cachoeira desabar
Montanha, roleta russa, felicidade

Posso me perder pela cidade
Fazer o circo pegar fogo de verdade
Mas tenho meu canto cativo pra voltar

Eu posso até mudar
Mas onde quer que eu vá
O meu cantinho há de ir

Dentro...

Demorei-me em cada frase, entreguei-me aos devaneios com os possíveis cantinhos repletos de vida simbólica que professores de Artes Visuais deveriam abrigar dentro de suas casas e de si mesmos. Imaginava que todos deveriam ser muito bem decorados, repletos de objetos marcados pelas lembranças, pelas saudades de tempos e lugares em que seus corações pousaram. Onde assistiram, e ainda assistem, aos espetáculos da vida e da morte e, mesmo que mudem, que habitem outras casas, seus cantinhos escondidos irão habitá-las também.

Como ficou marcado na Parte I desta narrativa, desde criança, um dos meus desejos mais pujantes era ser convidado a visitar uma casa, qualquer uma, para maravilhar-me com a vegetação de objetos ali presentes, como metaforiza Baudrillard (1973). Fauna e flora exuberantes, coloridas, alimentadas por sentimentos plurais. Quando o convite era feito, e aceito, a sensação experimentada assemelhava-se a um estrangeiro que mobiliza seus sentidos, todos eles, para embrenhar curioso, feliz e atento pelas terras recém-chegadas.

Assim, ao visitar uma casa, mesmo antes do processo de me transformar professor de Artes Visuais doutor em Educação, meu olhar era fisgado, surpreendido, seduzido por um objeto qualquer habitando um cômodo, uma parede, um móvel. E o impulso primeiro era tê-lo entre minhas mãos para tocá-lo, girá-lo diante dos olhos, sentindo-o e percebendo melhor sua matéria, textura e forma. Passada a euforia do primeiro encontro, o anseio era saber sobre sua história, como fora parar ali, naquele cômodo, ou parede, ou móvel, e o que representava para o anfitrião.

Indagado ao possuidor do objeto, eu me preparava para ouvir suas respostas, transformadas, naqueles instantes, em narrativas de afeto, de formação, de vida, em que o narrador recorria a gestos especiais e, às vezes, até modificava a entonação e os ritmos de sua fala para avivar memórias e narrar o vivido. Ao narrar, criava uma aura, um fio luminoso que nos conectava: o narrador, a experiência vivida e suscitada pelo objeto e eu, transformando o instante em um momento peculiar de comunhão dos valores de intimidade, rico em aprendizagens. Uma experiência estética humanizadora por excelência.

Nesse lugar extremamente relacional, na contramão desse individualismo atual, com o qual as tecnologias modernas e contemporâneas reconfiguraram profundamente nossas relações espaciais e sociais, questionava-me sobre os limites e as possibilidades de observar, refletir, aprender com as relações de intimidade que professores de Artes Visuais estabeleciam com seus objetos biográficos. Quais seriam as aprendizagens resultantes dessas experiências? Quais memórias e histórias seriam suscitadas e narradas? E em que medida nos ajudariam a rever percursos individuais e coletivos? Elas nos possibilitariam redesenhar sonhos e alimentar esperanças?

Foi atrás de respostas para essas indagações que caminhei esses anos todos de doutoramento. Por sorte ou merecimento, encontrei na cartografia que desenhei, entre Goiânia, Campinas e Jataí, pessoas extremamente generosas e sábias que me ajudaram a chegar até aqui. Alguns interlocutores amigos me ofereceram sombra e água fresca, outros narraram experiências indeléveis, os demais caminharam ao meu lado, estimulando-me constantemente ao dizer para que eu, conforme Rilke ([1969?], p. 35) aconselha, me esforçasse por amar minhas indagações ao máximo, como se cada uma delas

> [...] fosse um quarto fechado, um livro escrito em idioma estrangeiro. Não procure, por ora, respostas que não lhe podem ser dadas, porque não saberia ainda colocá-las em prática e vivê-las. E trata-se, precisamente, de viver tudo. No momento, viva apenas as suas interrogações. Talvez que, somente vivendo-as, acabe um dia por penetrar, sem perceber, nas respostas. É possível que carregue em si o dom de formar, o dom de criar - forma de vida particularmente feliz. Persista nesse sentido, mas, sobretudo, entregue-se a tudo o que vier. Quando o que vem é resultado de um apelo do seu ser, de qualquer necessidade, tome-o para o seu ativo e não lhe queira mal.

Não só amando, mas sofrendo minhas dúvidas, minhas necessidades e vontades de saber, de ser, de poder, fui compreendendo que, assim como o currículo vivido, a pesquisa praticada também fala dos modos como fui e estou singularizado, enredado, tramado. Fala, igualmente, das maneiras pelas quais fui introduzido no jogo dos saberes, que são jogos de identidade e de poder. Nessa perspectiva, Corazza (2002, p. 125) esclarece que não escolhemos em um armário de metodologias essa ou aquela

> [...] que melhor nos atende, mas somos "escolhidas/os" (e esta expressão tem, na maioria das vezes, um sabor amargo) pelo que foi historicamente possível de ser enunciado; que para nós adquiriu sentidos; e também nos significou, nos subjetivou, nos (as)sujeitou.

Inteiramente implicado, fui escolhido pelas narrativas de vida como metodologia, como procedimento de produção de dados e como gênero textual. A pesquisa com narrativas adquiriu sentidos e significados especiais, porque compreendi que as experiências vividas, depois lembradas e narradas, tecem redes que nos ligam afetiva, imaginativa, cognitivamente, revelando lugares, tempos e relações sociais estabelecidas e despertando consciências sobre o vivido. Ou seja, ouvir e narrar, escrever e ler histórias são movimentos que não cessam nunca e são reinventados sempre. Como em um crochê, em que o ponto que vai adiante precisa voltar, depois se adianta novamente, dois, três pontos, mais uma vez atrás e fecha-se uma forma, um desenho, e inicia outro, outros. Como nossa vida, infinitamente seguimos percebendo, desenhando, tramando, narrando...

Investigações são linguagens, modos de compreensão e produção de mundos. São modos de problematizar nossas travessias pessoais na cartografia histórica de saberes e fazeres socialmente estabelecidos, que modelaram nossas identidades e subjetividades. São modos de desejar uma e não outras verdades. São modos de interrogar o sabido, o assentado, o tido como verdadeiro.

Totalmente entregue à pesquisa, lancei-me, como o Sr. José, da história de *Todos os nomes*, de Saramago, na desconhecida e desafiadora experiência de produzir narrativas. Do inesperado, percebi que, nas muitas etapas do processo, principalmente durante a realização das entrevistas e das transcrições, algumas experiências vividas por mim, na relação com os objetos que me acompanham ao longo dos anos, nas muitas casas onde vivi, foram igualmente relembradas e algumas delas compuseram a Parte I desta narrativa. Acolhê-las enriqueceu a investigação, profunda e qualitativamente, porquanto ampliou minhas autopercepções ao ter podido reencontrar alguns objetos perdidos pelos caminhos ou escurecidos nos porões do coração e da alma.

As narrativas como elaboração e partilha das experiências

> *[...] de início, experiência é, em espanhol, "o que nos passa". Em português se diria que a experiência é "o que nos acontece"; em francês a experiência seria "ce que nous arrive; em italiano, "quello che nos sucede" ou "quello che nos accade"; em inglês, "that what is happening to us"; em alemão, "was mir passiert".*
> *(Jorge Larrosa, 2002, p. 21)*

Uma versão atualizada e amplamente disseminada no cenário da educação brasileira é a de experiência como sendo tudo o que nos acontece, nos toca e modifica nossa relação conosco mesmos e com o mundo, singularizando-nos. Em processo, essa singularização, essa formação humana é sempre provisória porque outros acontecimentos nos transformarão, permitindo-nos ser mais do que um "sujeito que abre portas, que puxa válvulas, que olha o relógio, que vai lá fora, que aponta lápis, que vê a uva etc, etc." (Barros, 2010, p. 374).

Para mim, o poeta se refere a ocorrências mecânicas que não nos modificam, nem nos transformam porque não são experiências, não portam em si sabedorias, nem conselhos, nem utilidades comunicáveis por meio de narrativas, sejam elas orais, escritas, visuais.

As narrativas como processo de elaboração e partilha de experiências não são uma novidade como acreditava ser. Pelo contrário, sua utilização, mais ou menos nos moldes como conhecemos hoje, faz parte de uma tradição antiga, originada com os gregos, especialmente com a *Poética*, de Aristóteles, nascido em 384 a.C. em Estagira, hoje Tessalônica. Para Mcleish (2000, p. 9), Aristóteles confiava "que a curiosidade humana era infinita e que nenhum objeto era indigno de estudo sistemático [...] deixou tratados sobre botânica, ética, história, composição literária, lógica", entre muitos outros temas.

À frente, Santo Agostinho, que viveu no fim da Idade Antiga para o começo da Idade Média, narra em diários suas experiências de conversão ao cristianismo. As histórias e as reflexões que compõem seu livro, intitulado *Confissões*, estão divididas em duas partes lineares. Na primeira, o Santo confessa seus desregramentos, abrangendo a infância, os pecados da adolescência, seus estudos em Cartago, o abandono da doutrina de Maniqueu, em Milão, a aproximação ao catolicismo e outras tantas experiências, como o batismo. A segunda parte não são confissões de outrora, mas revelam o que ele é presentemente falando, como bispo e como santo. Depois de falar de si, Agostinho (1999, p. 416) louva a Deus, tomando como motivo a Criação, e conclui orando, dizendo que

> [...] nós, agora, somos inclinados a praticar o bem, depois que o nosso coração o concebeu, inspirado pelo vosso Espírito. Mas, ao princípio, desertando de Vós, éramos arrastados para o mal. Contudo, Vós, meu Deus e único Bem, nunca deixastes de nos beneficiar. Com a vossa graça algumas obras realizamos, mas estas não são eternas. Depois de as termos praticado, esperamos repousar na vossa grande sofisticação. Vós sois o Bem que de nenhum bem precisa. Estais sempre em repouso, porque sois Vós mesmo o vosso descanso.

A narrativa ganhou evidência e contornos mais precisos e preciosos no contexto da Idade Média, especialmente nas relações trabalhistas pré-capitalistas em torno do trabalho artesanal. E foi assim porque os ritmos orgânicos e lentos, aliados aos movimentos precisos dos artesãos, que respeitam a matéria-prima que transforma, permitindo o estabelecimento de profundas relações com a atividade narradora. Narrar, nesse cenário, é respeitar e forjar a incomensurável matéria narrável, integrando, dessa maneira, mão e voz, gesto e palavra.

Benjamin (2012) anuncia que a experiência comunicada de boca em boca, enquanto se tecia nas corporações artesanais, em regra dos mais velhos, mais experientes, aos mais jovens, menos experientes, era a fonte em que todos se alimentavam. Sempre abreviadas e prolixas, as narrativas portam em si dimensões práticas, revestidas pela autoridade da velhice, comumente em provérbios, ensinamentos morais, advertências, conselhos. E o narrável, as histórias que se desdobravam, deveria ser comum tanto aos narradores quanto aos ouvintes, pois estes últimos se transformariam nos primeiros, continuando a história e evitando que elas se perdessem no tempo e no espaço.

Nesse contexto, Benjamin (2012, p. 221) afirma que contar histórias sempre foi a arte de

> [...] contá-las de novo, e ela se perde quando as histórias não são mais conservadas. Ela se perde porque ninguém mais fia ou tece enquanto ouve a história. Quanto mais o ouvinte se esquece de si mesmo, mais profundamente se grava nele o que é ouvido. Quando o ritmo de trabalho se apodera dele, ele escuta as histórias de tal maneira que adquire espontaneamente o dom de narrá-las. Assim se teceu a rede em que

> está guardado o dom de narrativo. E assim essa rede se desfaz hoje em todas as pontas, depois de ter sido tecida, há milênios, em torno das mais antigas formas de trabalho manual.

E no ambiente das narrativas escritas, as melhores são aquelas que mais se identificam com as histórias orais, contadas pelos narradores anônimos. Desse modo, vimos surgir a figura do sujeito narrador como sendo aquele que sabe narrar algo direto, abreviado e prolixo, que sabe dar conselhos. E as palavras que materializam seus conselhos são "tão duráveis que [podem] ser transmitidas como um anel, de geração em geração" (Benjamin, 2012, p. 123).

Havia, entre os narradores da Idade Média, pelo menos dois grupos principais nominados "camponeses sedentários" e "artífices viajantes". Esses grupos se complementavam de diversas maneiras. Interpenetrados, uma vez que trabalhavam juntos nas guildas, produziram linhagens de narradores que conservaram características próprias e comuns entre si.

Certifica Benjamin (2012, p. 215) que o sistema corporativo medieval pré-capitalista colaborou produtivamente para essa interpenetração necessária e ambicionada de associar "o conhecimento de terras distantes, trazido para casa pelo homem viajado, ao conhecimento do passado, recolhido pelo trabalhador sedentário". Assim, escutava-se atenta e respeitosamente um camponês experiente, porque ganhava "honestamente sua vida sem sair do seu país e que conhece [profunda e consistentemente] suas histórias e tradições". E também se escutavam os artífices viajantes com alegria e respeito porque "quem viaja muito tem muito que contar" (Benjamin, 2012, p. 214). Assim, as corporações foram enriquecidas e os conhecimentos longínquos, tanto os experimentados em terras distantes quanto aqueles distanciados no tempo, eram partilhados e preservados.

Já na Idade Moderna, Rousseau dedicou-se às escritas de si, produzindo outra narrativa publicada em livro, igualmente nomeada de *As confissões*. Nele, o filósofo narra suas experiências, contando sua história de homem e de pensador, descrevendo sua personalidade, seus hábitos, suas crenças e tecendo considerações a partir do contexto em que surgiram algumas de suas reflexões.

Nietzsche (1995), em *Ecce homo – como alguém se torna o que é*, aventurou-se narrando, refletindo sobre si e sobre seus livros publicados, afirmando que uma coisa era ele, e outra, seus escritos. Apesar de desconsiderar completamente essa cisão entre o que fazemos e o que somos, essa narrativa inspirou-me produtivamente quando na elaboração do projeto de investigação para a seleção do doutoramento.

Influenciado sobretudo pelo título do livro, *como alguém se torna o que é*, cheguei à banca de seleção com o pensamento ancorado nas seguintes indagações: "Como os professores de Artes Visuais se tornam os professores que são? Os acervos imagéticos que habitam suas casas dão conta de narrar tais processos?". Aos poucos, fui reajustando o foco, e essas indagações cederam lugar para eu ouvir as histórias que os objetos que habitam as casas de professores de Artes Visuais narram.

Ao ser aprovado pelo Programa de Pós-Graduação em Educação, na Faculdade de Educação da Universidade Estadual de Campinas, reflexões e indagações novas se juntaram àquelas e produziram modificações importantes em minha pesquisa. Mudei-me de Goiânia para Campinas e, como toda mudança é um momento especial para refazimentos plurais, refiz-me e ampliei meu repertório cultural em muitas direções.

Após as visitas às casas dos professores de Artes Visuais, as aulas na Faculdade de Educação e no Instituto de Artes da Unicamp, os encontros de orientação, as leituras que fiz e as reflexões que produzi, passei a considerar a pesquisa como sendo uma experiência, um acontecimento estético, perceptivo, belo, transformador e não tão controlável e dirigível como imaginava ser.

Emocionou-me a generosidade e a confiança com que os professores abriram as portas de suas casas para compartilharem comigo algumas de suas experiências íntimas e privadas. Acontecimento perceptivo porque, além de narrativas enaltecerem singularidades, suas casas apresentavam atmosferas e sonoridades tão especiais, que não só meus olhos e ouvidos foram acionados para testemunhar o que estava sendo narrado, mas meu corpo todo. Transformador, porquanto aquilo que nos acontece, nos toca, tem a capacidade de transformar e modificar nossa maneira de ser e de interagir com os outros e com o mundo.

Deslocar-me do estado de Goiás para São Paulo, da Faculdade de Artes para a Faculdade de Educação, permitiu-me viver as experiências que vivi, motivando-me a fazer as escolhas que fiz e que desembocaram na experiência desta narrativa. Um impulso encorajador nesse percurso foi experimentar o que experimentam os "artífices viajantes" ao saírem de suas casas para depois retornar, narrando as experiências vividas em terras distantes, com pessoas e culturas diferentes da sua — e da minha. Do mesmo modo, viver em Barão Geraldo, Campinas, São Paulo, fez-me viajar para dentro de mim mesmo, acordando memórias de experiências vividas em Goiás, enquanto "camponês sedentário". Deslocamentos que se fizeram especiais na arte de interpenetrar, de tecer em meus processos formativos, transformativos, duas características importantes dos narradores primitivos.

Meu doutoramento foi feito de encontros e deslocamentos. Trouxe a possibilidade de desenvolver delicadezas na escuta e na fala. Uma viagem para dentro e para fora de mim. Um passeio pelas casas dos professores de Artes Visuais visitadas para fabricação desta narrativa. Um parar para olhar os objetos especiais encontrados nas casas visitadas. Uma suspensão das atividades profissionais, um tanto automatizadas, para demorar-me, em solidão, nos detalhes dos objetos encontrados nas narrativas ouvidas e relembradas nos caminhos da pesquisa. Um aguçar dos sentidos, todos eles, para primeiro ouvir e depois narrar o vivido.

As pesquisas com narrativas e suas implicações na formação de professores de Arte

> *Queremos entender um pouco sobre Pesquisa. Não demais: o necessário para realizarmos nossos trabalhos como professores/as-pesquisadores/as comprometidos/as com uma docência ética.*
> *(Renata Barrichelo Cunha e Guilherme do Val Toledo Prado, 2007, p. 18)*

Nos últimos anos, as pesquisas com as narrativas conquistaram importância especial, motivados pela compreensão dos diferentes papéis que elas podem desempenhar na conformação de nossas identidades e subjetividades. As Humanidades foram as primeiras a utilizá-las como metodologias em seus campos de estudo. Na educação, mais especificamente do lugar onde falo, da formação de professores de Artes Visuais, essas pesquisas têm sido entendidas e empreendidas como um mecanismo extraordinário e precioso para a compreensão de si, dos outros e do mundo.

Aqui no Brasil, em especial, essas investigações ganharam evidência e interesse a partir da década de 1990. Esses anos de pesquisas relacionadas têm realçado mudanças paradigmáticas na produção contemporânea de conhecimentos sobre a formação de professores, em particular, e sobre as ciências humanas, em geral. Reflexões sobre a opção pela profissão docente, o desejo de continuidade ou desistência, os perfis da formação inicial e continuada, os percursos docentes e suas produções de sentido do e no contexto escolar são alguns temas investigados, os mais comuns.

Desse modo, professores pesquisadores "sem medo de parecerem menos científicos por valorarem a subjetividade" (Barbosa, 2001b, p. 7) se dedicam aos princípios filosóficos, práticos e criativos das pesquisas narrativas, porque são extremamente apropriadas ao universo da educação, possibilitando, a um só tempo e espaço, vivências investigativas e formativas.

Souza (2006, p. 26) argumenta que essa possibilidade de trabalho se legitima como investigação, porque a "produção de conhecimentos experienciais dos sujeitos adultos em formação" deve ser obrigatoriamente vinculada ao processo investigativo, às reflexões, às produções de narrativas. De outro lado, é formação porquanto parte do entendimento "de que o [professor] toma consciência de si e de suas aprendizagens experienciais quando vive, simultaneamente, os papéis de ator e de investigador da sua própria história", para conhecer, por exemplo, outros aspectos significativos da escola.

Nesse contexto, Josso (2006, p. 8) relata, narrando em primeira pessoa, que

> [...] sua vida na África ocidental [...] ensinou, ainda bem jovem, que os relatos de vida dos velhos eram as únicas fontes de memórias, ao mesmo tempo individuais e coletivas e o pequeno grão que me tornei ao fazer-me porta voz, mediante a restituição da compreensão singular de cada ser de seu itinerário de formações ao viver sua humanidade, convém perfeitamente à minha sensibilidade intelectual e humana. Com os relatos de vida, o humano e a humanidade ganham corpo, o concreto singular confere vida, informa e abre novas perspectivas para o que antes era um geral abstrato e expresso em correlações estatísticas que caracterizam minha formação universitária. Assim, o caminho feito em minhas construções teóricas, eu nomeio como tipo de trabalho biográfico feito com minha metodologia que subentende não somente o paradigma experiencial mas, também, o paradigma do singular plural, paradoxo que exprime bem as tensões dialéticas nas quais a vida ganha vida, inventa-se e graças a essa invenção se perpetua. Esse paradigma é tão potente e fecundo que o desenvolvimento de atividades reais, concretas coloca em evidência, quase cotidianamente, sob novas formas, o quanto o paradigma não é simples invenção intelectual mas constitui uma nova tomada de consciência para aprender numa mesma coerência conceitual as práticas cotidianas, tais como os blogs, os álbuns de fotografias, os diários íntimos, as produções literárias e visuais diversas [os objetos que habitam nossas casas], para mencionar apenas alguns exemplos.

As pesquisas que utilizam as narrativas de vida como metodologia revelam dimensões cognitivas, sensíveis e epistemológicas capazes de transformar cotidianos educacionais. As narrativas nos auxiliam na ressignificação do vivido e na reelaboração de nossos desejos pessoais e profissionais, dimensões inseparáveis em nós, como assinala Nóvoa (1992). Elas expõem os modos como cada um de nós assimilou, construiu ou reconstruiu fazeres e saberes para, numa tessitura sem fim, com os nossos e com outros cenários culturais, contornar nossas singularidades. Não nos esquecendo que esses contornos são sempre provisórios, fluidos, efêmeros, são modificados a cada experiência.

De tal modo, Larrosa (1996, p. 464) nos ensinou que

> [...] lo que somos no es otra cosa que el modo como nos compreendemos; el modo como nos compreendemos es análogo al modo como construimos textos sobre nosotros mismos; y cómo son esos textos depende de su relación con otros textos e de los dispositivos sociales en los que se realiza la producción y la interpretación de los textos de identidad.

A produção de uma narrativa é sempre um fenômeno de subjetivação, de intertextualidade, de relações, de partilhas, de encontros, bem como de desencontros, de conflitos, de confrontos. Produzir sentidos e significados sobre nós mesmos e sobre o mundo é uma demanda vital, necessária e inteiramente dependente das narrativas que ouvimos, contamos, escrevemos, lemos. Dependente, de forma igual, das imagens que produzimos ou consumimos, das músicas que ouvimos, dos filmes a que assistimos, das comidas que comemos, das brincadeiras que brincamos e, em especial para esta narrativa, dos objetos biográficos que habitam nossas casas.

As experiências comunicáveis por meio de narrativas, alerta Benjamin (2012), são vividas no interior das práticas e dos discursos culturais. A política, a sexualidade, a família, a religião, a profissão, a escola, a educação de professores e as artes são exemplos preciosos. E, de maneira aberta e latente, carregam em si alguma utilidade importante, vital, na forma de sugestão ou de conselho relacionado aos ensinamentos morais, às sugestões práticas, aos princípios do bem viver.

Em tempos e espaços partilhados, os narradores aconselham porque estão integrados aos seus ofícios cotidianos. E essa integração assegura a existência e a permanência de experiências coletivas, visto que colhem o que narram "de sua própria experiência ou da relatada por outros [e incorporam o narrado] à experiência de seus ouvintes" (Benjamin, 2012, p. 217). Narrar, nessa perspectiva, não incide em interferir do exterior na vida do ouvinte, nem informar e, muito menos, opinar. Narrar é "fazer uma sugestão sobre a continuação de uma história que está se desenrolando" (Benjamin, 2012, p. 216). Por ser extremamente relevante, necessita ser contada e recontada infinitas vezes, principalmente para que não seja esquecida.

A sugestão, o conselho desejado só se torna possível porque o ouvinte, que igualmente partilha dos mesmos tempos, espaços e afazeres do narrador, também apresenta sua questão narrando. Após narrar, coloca-se interessada e atenciosamente a escutar o desenrolar da história, profusa em sentidos e significados. Ao escutar, o ouvinte está livre para interpretar e incorporar o ouvido, para narrar o sentido e o incorporado, recontando a história novamente, e assim sucessivamente.

Essa concepção de narração como aconselhamento advém de um contexto medieval e pré-capitalista de produção e relação social, adverte Benjamin (2012). Como muitas expressões e práticas culturais desse e de outros tempos enfraqueceram ou desapareceram, infelizmente, essa concepção se encontra, do mesmo modo, em vias de extinção. E uma das razões para tal declínio, para o ocaso da arte de narrar e de tudo que ela opera em nossas singularidades, tem sido a penúria, a escassez de experiências coletivas partilháveis e comunicáveis. Tal paisagem foi cultivada, principalmente, pelo acelerado desenvolvimento da técnica sobre nós e de todas as implicações do mundo moderno e capitalista.

Dessa forma, as narrativas como uma das possibilidades de partilhar saberes e fazeres de experiência enquanto trabalhava, tecia ou fiava foi enfraquecida pelo surgimento e avanço do romance, conforme Benjamin (2012), e pela produção exagerada de informação, como afirma Larrosa (2002). Visto que os conselhos narrados e ouvidos e que foram tramados no interior da vida vivida são, geralmente, identificados como sabedoria. E essa, infelizmente, tem sido substituída pela informação.

Com a invenção da imprensa, o romance, essencialmente vinculado ao livro impresso, passou a ser difundido, colaborando, também, com o ocaso da narrativa. O livro distingue-se da narrativa por não proceder da experiência coletiva, comunicada de boca a boca, essencialmente comunitária, relacional e agregadora. Para Benjamin (2012), o enfraquecimento da tradição milenar e a ascensão da história impressa culminou no isolamento, tanto do autor quanto dos leitores.

E isolados, segregados das culturas que os alimentavam, desorientados e desaconselhados, reencontraram seu duplo nos heróis solitários produzidos e apresentados pelo romance. Por esse ensejo, os romancistas não sabem, não conseguem mais se relacionar e comunicar suas preocupações mais importantes. "Não recebe conselhos nem sabe dá-los [aliás, suas escrituras] são totalmente refratárias ao conselho e não contêm a menor centelha de sabedoria" (Benjamin, 2012, p. 217).

O romance surgiu na Antiguidade, mas encontrou na burguesia em ascensão o contexto favorável para prosperar, relegando a narrativa ao desuso, ao arcaico, ao antiquado. Um modelo de comunicação não tão novo assim, a informação, mas totalmente alheio à narrativa e ao romance, passa a existir com a consolidação da burguesia no alto capitalismo e foi competentemente auxiliado pela imprensa.

Larrosa (2002) acrescenta outros pontos à lista de ações que têm enfraquecido as narrativas como forma de comunicação do vivido e, simultaneamente, nossas habilidades e competências humanas para ouvir e para narrar o ouvido ou o experimentado. Para esse autor, a fragmentação do tempo em segundos, minutos e horas gerou sensações horríveis de falta de tempo, e tudo o que nos passa, nos acontece, passa-se e acontece tão demasiadamente depressa na forma da vivência instantânea, pontual e fragmentada, que tornou o tempo um valor, uma moeda de troca, uma mercadoria a ser negociada, vendida. Igualmente, a qualidade do trabalho industrial, assaz seriada, fragmentada, individualizada, capitalista, contribuiu para o enfraquecimento da experiência e, por sua vez, da troca de experiências, da arte de narrar, de aconselhar.

Diferentemente das narrativas, o romance e a informação não deixam lugares para a experiência. Melhor, são "quase o contrário da experiência, quase uma antiexperiência [e não fazem] outra coisa que cancelar nossas possibilidades de experiência" (Larrosa, 2002, p. 21). No romance e na informação, nem a liberdade de interpretação, nem o acolhimento dos saberes e dos fazeres trazidos de longe, do passado distante ou de terras longínquas, são acolhidos, valorizados e conservados por meio das narrativas.

A informação é pontual, conclusiva, cheia de explicações sobre os fatos ocorridos. Não é experiência, não imprime a marca de quem informa, nem atravessa os sujeitos informados, transformando-os. Ela só é valorada e reconhecida no momento em que exprime novidades. Aliás, só vive no instante de sua publicação. Os jornais de ontem, em sua maioria, são usados hoje como papéis para embrulhar mercadorias diversas; os demais, uma minoria apenas, é arquivada em bibliotecas e centros educacionais e de documentação para serem utilizados como fontes de pesquisas históricas, que buscam compreender o presente e projetar futuros por meio das memórias, do passado.

Mais do que isso, para Larrosa (2002), o jornal tem sido o grande dispositivo dos tempos modernos para o aniquilamento da experiência, logo, da narrativa. O jornal, independentemente de seus suportes impressos, sonoros, televisivos ou digitais, é o fabricador e o difusor da informação por excelência. Os burgueses em ascensão de outrora e os sujeitos da informação de agora, exímios leitores de jornais, sabem muitas coisas porque dedicam parte significativa de seus dias a se informar, pois o que mais os preocupa é a possibilidade de não estar bem informados, atualizados.

Os sujeitos da informação estão sabendo cada vez mais. Contudo, seus saberes se distinguem da sabedoria, dos conselhos tecidos na substância da vida vivida, dos acontecimentos historicamente produzidos e relevantes do nosso patrimônio humano. Estão muito bem informados, e o que conseguem é que nada lhes aconteça porque nada os toca, os modifica, os transforma.

Impávidos, afoitos, inatingíveis, apáticos, autodeterminados devem ser os sujeitos da informação, afiança Larrosa (2002). Estão sempre de pé, eretos, seguros de si mesmos, apoderados daquilo que desejam e que está recomendado nos jornais. São incapazes da experiência, porque não se deixam atravessar. Nada se apodera deles, nem os domina, nem os forma ou transforma. Não padecem e nem sofrem por coisa nenhuma. Também não se expõem, pois qualquer exposição pode ser marcada pela vulnerabilidade, pelos riscos e pelos prejuízos.

Tudo isso motivado pela vida moderna. Período de grandes mudanças, obsessivo pela novidade em geral e pela informação em específico. Regidos pela ligeireza, atravessamos longas distâncias, sejam elas geográficas ou digitais. Dessa maneira, nós, os sujeitos modernos, a maioria sujeitos da informação, permanecemos excitados e intolerantes ao silêncio, ao tempo singular da experiência. Estamos ficando pobres em experiências vividas e partilhadas coletivamente e ricos em experiências individualistas.

Abreviando o contexto, Larrosa (2002, p. 23) afirma que o sujeito moderno não está somente informado e opinando,

> [...] mas também é um consumidor voraz e insaciável de notícias, de novidades, um curioso impenitente, eternamente insatisfeito. Quer estar permanentemente excitado e já se tornou incapaz do silêncio. Ao sujeito do estímulo, da vivência pontual, tudo o atravessa, tudo o excita, tudo o agita, tudo o choca, mas nada lhe acontece. Por isso, a velocidade e o que ela provoca, a falta de silêncio e de memória, são inimigas mortais da experiência.

O habilidoso e competente desenvolvimento da técnica processada por nós sobre nós mesmos não cessou de avançar em direção ao domínio da natureza, pela linguagem e pelo pensamento, distinguindo-nos dela ao produzir cultura. Assim, temos aprendido, civilizatória e cientificamente falando, a negar nossos instintos, nossas paixões, nossas emoções. A razão tem prevalecido, alimentando-nos de promessas de um mundo melhor, com menos desigualdades, sofrimentos, angústias.

O assustador desenvolvimento da técnica nos levou, pondera Mosé (2012, p. 13), ao fanatismo, à violência, à exaustão do planeta. Nesse contexto, em meio aos

> [...] destroços de um sonho, vivemos acuados, mas o que desintegra não é o mundo, e sim um ideal de mundo e de homem que nasceu do medo do tempo e da morte, do horror distante do desconhecido. Movidos pela miséria e pelo pavor, construímos nossa civilização. Da negatividade, da reação, ela nasceu. Precisamos [agora] de uma cultura que seja produto de uma afirmação, que manifeste um desejo, uma paixão, um sonho, que seja um dardo lançado adiante.

Nesse contexto, progredimos bastante, desenvolvemos inúmeras capacidades. Dentre elas, o clone de seres vivos, os inúmeros procedimentos cirúrgicos que prometem juventude eterna, livrando-nos, ilusoriamente, da ação do tempo sobre nós e da morte, nosso maior temor. A fibra ótica e, com ela, a possibilidade de transmitir dados em velocidade extremada, sem interrupções, agradando os agentes da informação e modificando nossas relações coletivas arroladas ao tempo e espaço. As redes sociais virtuais são exemplos dessa modificação em nossas relações sociais, temporais e espaciais, para o bem e para o mal.

De que precisamos então? Para mim, necessitamos urgentemente de uma educação que dê sentido ao que somos, ao que nos acontece e nos modifica, tornando-nos sujeitos singulares, livres, atuantes e interventores em nossas localidades.

A entrevista piloto e os deslocamentos que ela provocou no território de formação do grupo de professores de Arte narradores, nos procedimentos de entrevista e na ampliação dos objetos biográficos

E todas as vidas são importantes, todas as experiências merecem atenção: a reflexão sobre as mesmas pode levar a novos conhecimentos e a novos posicionamentos.
(Elizeu Souza e Ana Cristina Mignot, 2008, p. 10)

Construir e percorrer os caminhos desta pesquisa foi extremamente significativo e cheio de surpresas, descobertas, confidências, encontros e desencontros. Ter reconhecido que todas as vidas são importantes e suas experiências merecem ser contadas e recontadas infinitamente foi uma dessas descobertas fundamentais. Assim, produzir esta pesquisa fez de mim um "artífice viajante", que saiu de sua guilda, de sua aldeia, de sua cidade natal para ouvir os conselhos produzidos em terras distantes. Até então, era um "camponês sedentário" vivendo sob a proteção das terras goianas e alimentando-me de suas expressões culturais e naturais.

Benjamin (2012) identifica e classifica o "artífice viajante" e o "camponês sedentário" como sendo os dois tipos de narradores arcaicos. Entre eles, não há e nem deve haver nenhuma hegemonia, existindo generosidade, sinergia, um iluminando as práticas do outro. Para o autor, a figura do narrador só se torna plenamente tangível se esses dois tipos de narradores arcaicos estiverem plena e harmoniosamente trançados.

No princípio da investigação, o interesse de pesquisa consistia em identificar, em Goiânia, professores licenciados ou em Desenho e Plástica, ou em Educação Artística, com habilitação em Artes Plásticas, ou em Artes Visuais, e que possuíssem em suas casas acervos imagéticos artísticos. Minha curiosidade espontânea, sendo transformada em curiosidade epistemológica, consistia em suscitar memórias e ouvir as histórias sobre seus processos transformativos a partir das pinturas e das esculturas que adornavam suas casas.

Goiânia havia sido escolhida como território para produção dos dados da pesquisa por sediar minhas experiências formativas formais: a Licenciatura em Artes Visuais e o mestrado em Cultura Visual, legitimando, dessa forma, minha condição de atuar como professor de Artes Visuais. À época, infelizmente, a única das 246 cidades do estado de Goiás que licenciava professores de Artes Visuais.

Entretanto, deflagrar a necessidade de repensar o território onde formaria o grupo de professores de Artes Visuais narradores foi uma provocação feita por minha orientadora, a professora doutora Ana Angélica Albano, ainda no início do doutoramento. Em um de nossos encontros de orientação, ela me questionou, mais ou menos assim:

> *Henrique, já que você se deslocou de um espaço acadêmico para outro, por que você não entrevista alguns professores de Artes Visuais do estado de São Paulo, deslocando também o campo onde produzirá suas narrativas? Quem sabe assim, ao conhecer professores diferentes dos que você já conhece em Goiânia, você ampliará ainda mais seu repertório cultural relacionado à intimidade de professores de Artes Visuais? Quem sabe outros objetos aparecerão, outras experiências serão narradas, outros sentidos serão produzidos? Quem sabe? Pense nisto!*

Após ser provocado, passei alguns meses pensando na possibilidade de deslocar o território onde produziria as narrativas, o campo onde produziria os dados empíricos da tese. E nesse processo de tomada de decisão, havia dias em que imaginava os possíveis efeitos que tal deslocamento provocaria na investigação, em mim e na formação de professores de Artes Visuais em Goiás.

Entretanto, não conseguia me desapegar do desejo inicial de produzir sentidos sobre a formação de professores em Goiás. Primeiro, pela carência de estudos nessa direção, depois, porque, sendo goiano, sentia-me um dos responsáveis por iniciar algumas mudanças nesse contexto tão carente de investigações sobre seus percursos históricos, suas memórias. Acreditava que, se eu praticasse tal deslocamento, não contribuiria para que eu tomasse consciência de questões mais específicas e localizadas na realidade goiana, tão sedentas de apontamentos, reflexões, sistematizações, narrativas.

Nesse meio tempo, participei do VII Seminário Nacional "Memória, Cidade e Educação das Sensibilidades", promovido pelo Centro de Memória da Unicamp, comunicando oralmente minhas intenções de pesquisa. Entre elas, uma se destacou porque se relacionava diretamente à provocação feita por minha orientadora sobre deslocar o território onde o grupo de professores-narradores seria criado — de Goiânia para Campinas. Partilhei porque desejava conversar mais, imaginar coletivamente, ouvir outros pontos de vista e, só então, decidir.

Após a apresentação das minhas intenções de pesquisa, recebi um bilhete carinhoso da professora doutora da Faculdade de Educação, da Unicamp, uma das coordenadoras do Grupo de Trabalho "Memória e Formação de Professores", oferecendo-se para colaborar com minha investigação. Mesmo sendo psicóloga e não professora de Artes Visuais, ela se propôs a ser entrevistada, uma entrevista piloto para que eu pudesse experimentar e afinar os modos pelos quais eu conduziria as entrevistas. E eu aceitei.

Em uma manhã de março, tive a honra de conhecer a casa da professora e segurar em minhas mãos alguns de seus objetos especiais, repletos de afetos e de histórias para contar. Foi uma conversa agradável, ao som de boas risadas, alternadas entre a necessidade do silêncio e o desejo de narrar. Da teoria à experiência, essa entrevista me ajudou a perceber e a permitir os silêncios, as pausas prolongadas entre uma recordação e outra, ensinando-me a escutar.

Assim como em uma sala de aula, onde nem tudo ocorre como o planejado, o mesmo ocorreu nessa entrevista-piloto. Como a professora era falante e muito mais experiente do que eu em produção de entrevistas, ela assumiu boa parte da interlocução, fazendo com que o questionário que desenhei não fosse cumprido. Na sequência, afinando os modos como produziria as entrevistas com os professores de Artes Visuais, essa experiência contribuiu para definição das Entrevistas Narrativas e das Entrevistas Não Diretivas com os procedimentos de produção dos dados.

Esses procedimentos metodológicos apresentam enfoques, processos, vocabulários próprios e são considerados técnicas de coleta de dados que privilegiam a autonomia, a liberdade e a condução das narrativas pelos entrevistados, e não pelos entrevistadores, como ocorre em outras técnicas. A entrevista narrativa é classificada por Jovchelovitch e Bauer (2014, p. 95) como sendo um

> [...] método de pesquisa qualitativa [...] considerada uma forma de entrevista não estruturada, de profundidade, com características específicas. Conceitualmente, a ideia de entrevista narrativa é motivada por uma crítica do esquema pergunta-resposta da maioria das entrevistas. No modo pergunta-resposta, o entrevistador está impondo estruturas em um sentido tríplice: a) selecionando o tema e os tópicos; b) ordenando as perguntas; c) verbalizando as perguntas com sua própria linguagem.

E a entrevista não diretiva, para Michelat (1980, p. 192-193, grifos do autor), tem por inclinação contornar certos cerceamentos

> [...] das entrevistas por questionário com perguntas fechadas que representam o polo extremo da diretividade. Com efeito, numa entrevista por questionário, existe estruturação

> completa do campo proposto ao entrevistado, este só pode responder as perguntas que lhe são propostas nos termos formulados pelo pesquisador e enunciados pelo entrevistador que detém o monopólio da exploração quando não o da inquisição [...] é igualmente possível que as perguntas sejam mal escolhidas ou mal formuladas e [...] o entrevistado talvez se coloque problemas em termos completamente diferentes do que o pesquisador imagina. Além disso, as respostas que lhe são impostas talvez não correspondam à própria *dimensão* que teria tido uma significação para ele.

Para a professora, sua casa é um santuário, um lugar predileto, um espaço onde recebe carinhosamente as pessoas que ama. Um espaço onde ela pode estudar ou ficar sem fazer nada. Ela adora estar em casa. Em sua narrativa, evidenciou que foi casada 25 anos e, juntos, ela e o marido construíram uma casa linda em um outro bairro de Campinas. Era enorme, tinha três andares e um espaço sensacional para fazer um escritório no sótão. Infelizmente, sua família só morou lá por 11 anos, porque foram assaltados em uma noite, tendo tido somente o som do carro roubado. Essa ocorrência a deixou muito assustada, principalmente com o que provocou em sua subjetividade. Era como se a pessoa tivesse entrado em seu santuário. Lugar onde se guardam segredos, as coisas que deseja, das quais gosta.

Se um dia perdesse algo, não teria problema algum, pois suas casas sempre tiveram seguro, portanto, compraria tudo novamente. Mas essa experiência a modificou profundamente, pois percebeu que não era bem assim, pois existiam objetos, coisas que guardamos em casa, as quais não existe seguro que pague por elas.

A entrevista se desenrolava quando perguntei: *"Professora, se por algum motivo você não pudesse mais morar aqui, estando autorizada a entrar para pegar seus documentos pessoais e um objeto de estimação, um único objeto especial, qual você pegaria?"*. Ela sorriu animadamente e respondeu, sem titubear, que era o seu computador. Confesso que fiquei surpreso, um tanto decepcionado, pois esperava, ou melhor, desejava ouvi-la dizer que pegaria a pintura a óleo que estava em sua sala e que, quando pequena, enfeitava o escritório de seu pai e ela a herdara após sua morte. Ou as xícaras de café de porcelana que eram de sua avó querida, ou algum outro objeto transbordado de afeto de seu acervo, mas nunca um computador, um objeto utilitário e sem referências poéticas e estéticas.

"Mas por que seu computador?", perguntei. E ela me respondeu que seu computador a mantém ligada ao mundo, e toda sua vida profissional estava ali registrada e contida nele. Para reafirmar sua relação com seu computador,

com seu escritório, ela contou que fez uma reforma em sua casa e passou dois meses na casa de sua irmã, mas pediu para que não mexessem no escritório, pois ele não seria reformado, nem pintado. Como não estava habitando sua casa naqueles dias, os pintores ficaram mais livres e insubmissos e, para trocar o piso e pintar a sala, pegaram tudo que estava dentro do *buffet* da sala de jantar, mais as cadeiras e a mesa, desobedecendo suas ordens, e colocaram no seu escritório, impedindo o acesso ao seu computador.

Para ela, essa foi uma sensação de muita invasão. Sentira-se absolutamente violentada em sua identidade, porque o escritório era o pedaço de sua casa onde passava o tempo. Fora horrível não poder chegar ao seu computador por uns dias. Isso, sim, foi terrível! Como teria acesso a tudo o que estava ali? Levaria o computador, sem dúvida, disse-me novamente.

Quantas concepções e práticas eu precisava rever, e ainda preciso! Mas, para mergulhar no universo particular dos professores de Artes Visuais narradores e colher narrativas espontâneas e significativas, surgiu, naquele momento da investigação, a decisão de deslocar-me do modelo pergunta-resposta para o modelo entrevistas narrativas e não diretivas.

Cursar a disciplina Histórias de Iniciação na Arte, ministrada pela professora Ana Angélica Albano, colaborou, e muito, com a revisão do modelo pergunta-resposta internalizado em mim. As leituras e as discussões vividas nessa disciplina me fizeram compreender que as entrevistas guiadas por questionários, as entrevistas diretivas, limitariam as respostas às perguntas formuladas e não abririam espaço para imprevistos, para o acaso, para o impensado, para o afetivo. Também porque as narrativas conseguidas por meio de questionários são mais superficiais, mais estereotipadas, mais racionalizadas. E o que eu buscava com as entrevistas eram as memórias íntimas, as lembranças profundas que os objetos que habitam as casas dos professores de Artes Visuais testemunharam ou protagonizaram, os conselhos, as narrativas que não poderiam ser esquecidas.

Nessa disciplina, sobretudo aprendi a desejar que os professores de Artes Visuais narradores assumissem o papel de exploração e condução das entrevistas, porque ninguém melhor do que eles para explorar e apresentar as delicadezas e sutilezas de suas relações com seus objetos especiais. Passei a imaginar que, livres, eu me aproximaria mais de suas intimidades, de suas experiências narradas em linguagens próprias, selecionando e/ou ordenando seus temas e suas lembranças pela ordem de importância por eles conferida. Nessa direção, e apoiado em Michelat (1980, p. 193), acreditei que a narratividade produzida por meio da sinergia entre essas duas técnicas corresponderia a

> [...] níveis mais profundos, isto porque parece existir uma relação entre o grau de liberdade deixado ao entrevistado e o nível de profundidade das informações que ele pode fornecer. A liberdade deixada ao entrevistado (sendo a não diretividade todavia relativa) facilita a produção de informações sintomáticas que correriam o risco de serem censuradas num outro tipo de entrevista.

E a entrevista piloto, somada aos contextos da disciplina e das orientações, desafiou-me a realizar outra importante alteração na pesquisa: acolher qualquer objeto que me fosse apresentado durante as entrevistas. Minha indagação conclusiva era: quem sabe, o que para mim seria apenas utensílio doméstico, não seria, na verdade, um objeto especial, transbordado de afeto e de histórias e memórias para narrar? Assim, acolhi, sem nenhuma distinção ou juízo de valor, as pinturas e as esculturas que adornavam as casas dos professores-narradores, bem como o acordeão, o relógio de parede, a jarra de suco, os lenços bordados pela irmã, entre muitos outros objetos especiais, que vos apresentarei na Parte III desta narrativa.

Saí extremamente agradecido e encantado com a generosidade com que a professora me recebeu, abrindo as portas do seu "santuário" para colaborar com minha investigação. Ao me ajudar experimentar e afinar os modos pelos quais eu conduziria as entrevistas, colaborava com a produção de saberes e fazeres centrados na formação de professores, um de seus temas preferidos, pelo que percebi em nossas conversas. Dentre as muitas histórias que narrou, algumas me emocionaram e despertaram atenção especial por tocarem em questões que vinha refletindo e tentando encontrar seus lugares em mim e na tessitura desta narrativa.

Também saí convencido de que caminhar pelas ruas desconhecidas de Campinas, e entrar nas casas de professores de Artes Visuais que forjaram suas singularidades em contextos igualmente desconhecidos para mim, possivelmente descortinaria objetos outros, talvez mais inusitados e diferenciados dos que eu encontraria em Goiânia.

Eu não conhecia as professoras e o professor que integraram o grupo de Campinas. Cheguei até eles mediado por colegas da pós-graduação. Uma característica comum à maioria deles foi que cursaram a Licenciatura em Artes Visuais após se entregarem às experiências docentes como profissão. Cursaram-na em atendimento à obrigatoriedade da formação, do diploma para legitimar seu ofício de ensinar Arte em escolas públicas e particulares de São Paulo. As Artes Plásticas e o Desenho Industrial foram seus primeiros cursos superiores, mas a docência foi a profissão escolhida e à qual se dedicam. Por essa razão, continuam aprofundando seus estudos, cursando especializações, mestrados e doutorados.

Além de me autorizarem a gravar suas narrativas, em um aparelho portátil Mp3, e fotografar os objetos protagonistas, com uma câmera Canon digital amadora, organizaram — ou limitaram, por não me conhecerem — a mesa principal de suas casas para nossas conversas, que duraram mais ou menos uma hora, uma hora e meia cada uma.

A centralidade das narrativas desse grupo se restringiu a partilhar as práticas escolares desenvolvidas com seus estudantes. Já seus universos particulares, vividos no interior de suas casas, meu interesse principal, foi muito pouco partilhado. Quando me aproximava do tema para ouvir alguma experiência vivida na relação com os objetos que habitam suas casas, o que escutei de uma professora-narradora foi que não era apegada às coisas materiais e, na sequência, voltou a narrar suas vivências escolares.

Em outra entrevista, o professor relatou-me que muitas coisas a que as mulheres dão ênfase, como, por exemplo, toalhinhas e bibelôs, ele não enfatizava em sua casa. Aliás, era contra, porque a ordem feminina sempre o limitou. E, sendo assim, constituiu outras relações com os objetos que guarda em sua casa. Seu berimbau, apesar de estar pendurado na parede, não era um adorno, mas um instrumento musical, com sentidos e significados relacionados aos jogos de capoeira; assim como a panela de barro, centralizada na mesa, só exercia suas funções culinárias.

Essas afirmações me fizeram sair das entrevistas com a sensação de incompetência, de que não havia conseguido produzi-las como desejava e precisava, de que eu não havia ultrapassado os muros das escolas onde os professores trabalham para adentrar as salas e os quartos, os armários e as gavetas, as intimidades do coração e da alma de cada professor-narrador. Talvez, assim tenha sido por falta de intimidade, tanto com os professores quanto na condução das entrevistas, ainda orientadas pelo modelo pergunta-resposta. Todavia, o mais complicado foi que havia escrito e reescrito em minha caderneta de campo, ainda antes da entrevista piloto, as perguntas que guiariam as entrevistas. Dessa maneira, eu havia praticamente incorporado as questões, e me desfazer delas foi um custo.

Em síntese, o questionário escrito e reescrito várias vezes estava composto com as seguintes questões: “Fale-me sobre o que você pensa em relação a sua casa; o que ela significa para você?”; “Agora, fale-me sobre a presença das Artes Visuais em sua vida"; "Quais motivações fizeram você escolher a docência em Artes Visuais como profissão?"; "Se, por algum motivo estremado, você não pudesse mais morar aqui, além de seus documentos pessoais, qual objeto você levaria consigo?"; "Quais objetos você guarda até hoje porque herdou de alguém especial?"; "Quais objetos você deixaria como herança para alguém especial? Por quê?".

Entretanto, as fotografias feitas durante as visitas foram generosas em apresentar seus universos particulares, seus armários de memórias, todos sortidos de objetos biográficos e de status que colaboram para a produção e a manutenção de suas singularidades. Armários repletos de histórias que não foram ditas. Contudo, poderiam ter sido comunicadas oralmente, partilhando saberes e fazeres, ensinamentos morais e advertências, conselhos que se desdobrariam em narrativas imprescindíveis à conformação de professores, evitando, dessa maneira, que suas narrativas se perdessem no tempo e no espaço.

As casas, grandes armários, guardam objetos construídos, comprados, ganhados, achados, roubados, quebrados, restaurados. Organizam segredos, promessas, desejos. Estão cheios de lembranças que podem ser restauradas sempre que olharmos para as prateleiras e pudermos vê-los protegidos, seguros, protagonizando ou testemunhando nossos cotidianos.

Alguns imprevistos procedimentais experimentados nestas entrevistas fortaleceram, ainda mais, a sensação de desconforto e de inabilidade para produzi-las. Um deles se refere ao meu celular: eu me esqueci completamente de desligá-lo, e no meio de uma entrevista ele tocou, atrapalhando o fluxo da memória e da narrativa. Outro se relacionou ao gravador de voz: em uma das entrevistas, ele parou de gravar, sem sinal prévio ou percebido, e só percebemos minutos depois, o que nos fez retomar a entrevista do princípio.

E o pior transtorno, imperdoável, decorreu de muita desatenção: uma quarta entrevistada precisou se ausentar por alguns minutos para atender uma ligação importante e pausei o gravador. Porém, quando ela retornou e retomou sua narrativa, esqueci de apertar o *play* para continuar as gravações. Infelizmente, registrei apenas os oito minutos iniciais de sua narrativa.

Envergonhado pela falta de atenção e de cuidado com os procedimentos de pesquisa e angustiado pela verificação de que não havia conseguido produzir narrativas que eu considerasse mais íntimas, mais reveladoras dos processos formativos informais vividos pelos professores, decidi, apoiado no contexto e na sugestão de uma colega de curso, Eva Aparecida de Oliveira, fazer um movimento, um deslocamento que jamais havia imaginado fazer: voltar à casa natal, a Jataí, e entrevistar as únicas professoras formadas em Artes Visuais, à minha época, que conhecia.

Ainda que não tenha sido aluno de nenhuma delas em meu ensino fundamental ou médio, as conhecia pelos inúmeros trabalhos desenvolvidos em prol da cultura local. Com duas delas, em especial, eu passei a conviver nas exposições e nos cursos que organizavam no Museu de Arte Contemporânea de Jataí e no Museu Histórico de Jataí Francisco Honório de Campos. E a terceira conheci por intermédio dos meus irmãos, que foram seus estudantes no antigo Centro Federal de Educação Tecnológica (Cefet) e sempre comentavam em casa as atividades propostas por ela.

A liberdade que tive de, mais uma vez, deslocar o campo onde produziria as narrativas, transferindo-me a Jataí, foi, ao mesmo tempo, voltar para as minhas relações singulares com os objetos transbordados de afetos e repletos de histórias que narram os modos pelos quais me tornei o professor de Artes Visuais que hoje sou. Foi um voltar para o interior do interior de minha formação, reencontrando minha casa natal e onírica, juntamente das experiências vividas com os objetos que a habitavam. Foi um refazer-me, um redesenhar-me — e essas memórias e histórias compuseram a Parte I desta narrativa.

Esse retorno me fez um bem enorme, aliviou minha alma de situações incompreendidas na infância. Fiz as pazes comigo mesmo e com minhas origens. E mais: me fez compreender melhor os sentidos e os significados das casas natal e onírica. Assim, conforme Bachelard (2003, p. 77, grifos do autor), quando

> [...] se sabe dar a todas as coisas o seu peso justo de sonhos, *habitar oniricamente* é mais do habitar pela lembrança. A casa onírica é um tema mais profundo que a casa natal. Corresponde a uma necessidade mais remota [...] A casa da lembrança, a casa natal, é construída sobre a cripta da casa onírica. Na cripta encontra-se a raiz, o apego, a profundidade, o mergulho nos sonhos. Nós nos "perdemos" nela. Há nela um infinito.

Esse retorno, esse deslocamento, fez-me perceber dimensões da pesquisa que a teoria estudada não abarcou, e nem abarcaria, porquanto se relacionam diretamente com minha singularidade, com as memórias deste percurso pessoal, com os modos pelos quais esta investigação foi tomando forma, se reformando, me formando e me transformando.

Assim como sou agradecido ao grupo de professores de Campinas, sou igualmente aos de Jataí, por terem aberto as portas de suas casas e narrado suas relações com os objetos que as habitam. Cheguei curioso, cheio de expectativas, desejoso por aprender sobre suas histórias e sem saber muito bem que objetos eu encontraria, que narrativas ouviria. Agucei meus sentidos, todos eles, para perceber melhor, para sentir melhor o que estava sendo narrado, inclusive nos silêncios, nas pausas, nos suspiros profundos que compuseram as entrevistas.

Diferentemente do que ocorreu no grupo de Campinas, visitei as casas das professoras duas vezes. Na primeira entrevista, iniciei narrando um pouco da minha condição de professor de Artes Visuais, licenciado de minhas obrigações docentes para, mais uma vez, voltar à condição de estudante. Como diz Freire (1996, p. 21): "não há docência sem discência". Em linhas gerais, narrei o quanto a experiência de me doutorar estava sendo rica e o que desejava com a pesquisa que deflagrava. Descrevi os caminhos que havia percorrido até então. E, daquele momento em diante, revelei que o meu desejo era ouvir as histórias que contam os objetos que habitam suas casas. Perguntei se me autorizavam a gravar as narrativas e obtive o "sim" de todas. Então, sem que percebessem exatamente o início da entrevista, indaguei se colecionavam objetos transbordados de afetos e sobre os quais nutriam sentimentos especiais que as impossibilitavam de desfazer-se deles sob quaisquer condições.

Na segunda visita, retomei trechos de nossas conversas anteriores, relatando alguns fragmentos que me surpreenderam e, na sequência, perguntei se havia alguma história não narrada no nosso primeiro encontro que desejassem narrar. Encerradas as conversas iniciais, e de gravador ligado, embrenhamo-nos outra vez pelas casas, ao som das experiências vividas e, naquele momento, partilhadas.

Em Jataí, talvez pelo conhecimento anterior, nossos encontros foram marcados pela alegria de acolher e ser acolhido; pelos olhares olhados nos olhos; pela emoção ao relembrar e narrar perdas e ganhos; pelos objetos vistos, tocados, sentidos; pelas xícaras de café servidas e pelas paisagens sonoras ouvidas, quase sempre entre o silêncio de uma lembrança narrada e outra por narrar. Acredito que esses fluxos deveriam ser assim mesmo, pois incorporei muito mais o papel de visitante-conterrâneo-conhecido-de-longas-datas-e-colega-de-profissão, desejoso em ouvir suas histórias, seus conselhos, do que efetivamente um pesquisador-etnógrafo-neutro que visitava suas casas para ouvir, observar e depois avaliar, julgar, comparar, classificar como certo ou errado, como fazem alguns pesquisadores.

De antemão, informo, foi um caminho delicioso de produzir e percorrer. Por ser Jataí minha cidade natal, eu experimentava, ao mesmo tempo, sensações conhecidas e desconhecidas. Conhecia muito bem os endereços das três professoras colaboradoras na produção dos dados empíricos deste trabalho. Entretanto, desconhecia seus objetos, suas casas e as narrativas que ouviria. Sabia, então, que se eu descesse a rua da casa em que meus pais moram desde que eu tinha dois meses de vida até os dias de hoje, até chegar à Igreja Matriz e virar à esquerda, já na Rua Dorival Carvalho — no meu tempo de menino, Floriano Peixoto —, eu visitaria a professora Papel e conheceria alguns de seus objetos e escutaria suas narrativas.

Os sinuosos caminhos desenhados nesta investigação, rica em deslocamentos conceituais, procedimentais e geográficos, aberta à poesia e à afetividade, à observação e à reflexão, modificaram minhas concepções e práticas de pesquisa e de formação de professores. Fortaleceram a ideologia de que todas as vidas são importantes e, portanto, merecem atenção. E revelaram que a escuta sobre elas pode nos levar, e sempre nos leva, a novos conhecimentos e posicionamentos sobre os modos pelos quais os professores de Artes Visuais se tornam os professores que são.

Jataí, o território que sediou os inúmeros episódios de vida e de morte

> *Cada história é o ensejo de uma nova história, que desencadeia uma outra, que traz uma quarta.*
> *(Gagnebin, 2012, p. 13)*

Acolher todo o percurso vivido até chegar a Jataí, além de me sensibilizar, ampliou meu repertório sobre experiências íntimas de professores, confirmando o quanto as aprendizagens vividas na intimidade de nossas casas, as aprendizagens informais, colaboram com a formação de singularidades docentes. E, por fim, compreendi que cada história narrada é o ensejo para mais uma, que desencadeia muitas outras.

Jataí é hoje uma das maiores e mais promissoras cidades do sudoeste goiano, com estimativa de aproximadamente 106 mil habitantes. Com extensão de 7.174 km², é considerada a capital da produção de leite e grãos de Goiás, e de milho do Brasil. É hospitaleira, acolhe e abriga passantes, futuros moradores ou não, oriundos de vários lugares do Brasil e de fora dele, principalmente do mundo árabe.

Com a intenção de ampliar as experiências culturais e estéticas de seus habitantes, abriga inúmeras instituições culturais, entre elas: uma porção significativa de parques municipais que colaboram com a preservação da fauna e da flora do cerrado brasileiro, uma biblioteca pública, uma casa de artesãos, uma escola de Dança, de Música e de Teatro, bem como algumas possibilidades de educação superior pública, como o Instituto Federal de Educação Tecnológica (IFG), a Universidade Estadual de Goiás (UEG) e a Universidade Federal de Jataí (UFJ).

Com relação à Universidade Federal de Jataí, informamos que ela já foi Câmpus Avançado de Jataí (CAJ), da Universidade Federal de Goiás (UFG), conforme resolução 145/1980. Sua recente criação, ou melhor, federalização, deu-se a partir do projeto de Lei de Criação da Universidade Federal de Jataí protocolado na Câmara Federal e aprovado em 19 de dezembro de 2017 e no Senado Federal em 21 de fevereiro de 2018. Após essas aprovações, o projeto foi enviado para sanção presidencial, tendo sido recebido pela Secretaria de Governo em 28 de fevereiro e sancionado no dia 20 de março de 2018 e publicado em 21 de março de 2018.

O CAJ foi criado com a intenção de ser mais um espaço de estágio e de extensão das atividades da UFG existente em Goiânia, a capital do estado. Assim, conforme Lemes (2018), o Câmpus se transformou em um lugar propício para incentivar o desenvolvimento regional, com o objetivo de efetivar a interiorização de cursos de formação de professores. Mais especificamente relacionado ao curso de Pedagogia, ele foi implantado 1985, com professores concursados e lotados para lá trabalharem, por meio de contrato firmado com o município, com intermédio da Fundação Educacional de Jataí (FEJ).

O Câmpus Avançado de Jataí (CAJ), hoje Universidade Federal de Jataí (UFJ), expandiu e ampliou a oferta de cursos. Atualmente conta com 25 cursos de graduação oferecidos nas áreas de Ciências Agrárias, Ciências Biológicas, Ciências da Saúde, Ciências Exatas, Ciências Humanas e Linguísticas, Letras e Artes. Além desse repertório, disponibiliza cursos de pós-graduação lato sensu (especializações) e stricto sensu (mestrado e doutorado), sendo cinco cursos de mestrado — Agronomia (produção vegetal), Geografia, Ciências Aplicadas à Saúde, mestrado profissional de Matemática (Profmat), mestrado em Educação e um doutorado em Geografia.

Por se localizar no grande eldorado do Centro-Oeste brasileiro, recebeu da Agência Nacional de Aviação Brasileira (Anac) autorização para a construção de um aeroporto, que disponibilizará viagens diárias para algumas regiões do país e, dessas, para o exterior, ampliando trânsitos, tecnologias, experiências. Quiçá, colaborando com a formação de outros narradores, pois "quem viaja tem muito que contar [...] mas também escutamos com prazer o homem que ganhou honestamente sua vida sem sair de seu país e que conhece suas histórias e tradições", como assevera Benjamin (2012, p. 214).

É afetiva e popularmente conhecida como a Cidade das Abelhas. Abelhas cujo mel possui propriedades importantes, capazes de substituir antibióticos e, além de ser usado para tosse, bronquite e cicatrização de feridas, é um precioso remédio para a cura da catarata, vulgarmente conhecida como o embaçamento do cristalino, a lente natural dos olhos, que é a responsável por convergir os raios luminosos na retina para a formação da imagem. Quando embaçada, opaca, a visão se borra, limitando olhares, fazeres, saberes.

Quando soube desses predicados do mel produzido pelas abelhas Jataí, demorei-me devaneando e pensando em nós, professores de Artes Visuais, filhos de Jataí: será que, assim como as abelhas, assumimos, do mesmo modo, a responsabilidade de produzir um mel que, além de cheiroso, saboroso e produzido a partir das flores do cerrado, seja capaz de melhorar os embaçamentos dos olhos e da alma de nossos estudantes?

Desembaçar os olhos do corpo e da alma e tramar, ver e olhar é um desejo. Assim, evitaríamos a velha cisão entre o ver e o olhar que, histórica e filosoficamente, vem sendo problematizada no universo das imagens e seu ensino. O ato de olhar é imaginativo, simbólico, contemplativo, reflexivo, interpretativo, sinuoso, espiritual e não está implicado com o sentido físico da visão, como acontece com o ver, que é reto, sintético, imediato, objetivo. Assim, trançar essas duas margens seria uma possibilidade de desenvolver a atenção, como sinaliza Weil (1996, p. 456), em *A atenção e a vontade*:

> Os valores autênticos e puros de verdadeiro, de belo e de bem, na atividade de um ser humano, se produzem por um só e mesmo ato, uma certa aplicação ao objeto da plenitude da atenção. O ensino não deveria ter senão como finalidade preparar a possibilidade desse ato pelo exercício da atenção. Todas as outras vantagens da instrução são sem interesse. Estudos e fé. Não sendo a oração senão a atenção em sua forma pura e constituindo os estudos uma ginástica da atenção, cada exercício escolar dever ser uma refração da vida espiritual. É preciso para tanto um método. Uma certa maneira de fazer uma versão latina, uma certa maneira de resolver um problema de geometria (e não uma qualquer)

> constituem uma ginástica da atenção, capaz de torná-la mais apta para a oração. Método para compreender as imagens, os símbolos, etc. Não tentar interpretá-las, mas olhá-las até que jorre luz. Em geral, método de exercer a inteligência, que consiste em olhar. Aplicação desse método na discriminação do real e do ilusório. Na percepção do sensível, se não estivermos certos do que vemos, nos deslocamos olhando, e o real aparece. Na vida interior, o tempo toma o lugar do espaço. Com o tempo nos modificamos e se, através das modificações, conservamos o olhar orientado para a mesma coisa, afinal a ilusão se dissipa e o real aparece. A condição é que a atenção seja um olhar e não um apego.

Trata-se de uma percepção nova: estudos e fé, que nada mais são do que ginásticas da atenção, sejam quais forem seus conteúdos, uma inteligência voltada para o bem, um bem em si mesmo, sem expectativas e esperanças por recompensa ou aquisição de informações. A atenção é uma maneira especial de generosidade, por isso é associada à prece. Nesse contexto, Benjamin (2012, p. 173) descortina:

> Querida criancinha, por favor reza também pelo homenzinho corcunda! Assim termina a canção. Em sua profundeza, Kafka toca o chão que não lhe era oferecido nem pelo "pressentimento mítico" nem pela "teologia existencial". É o chão da índole germânica, assim como judia. Se Kafka não rezava – o que ignoramos – era capaz ao menos, como faculdade inalienável sua, de praticar o que Malebranche chamava "a prece natural da alma" – a atenção. E nela, como os santos em suas preces, Kafka incluía todas as criaturas.

Além dos inúmeros parques municipais de preservação da fauna e da flora do cerrado brasileiro, Jataí possui também três museus mantidos pela prefeitura há anos, uma raridade nas cidades do interior de Goiás. O Museu Histórico Francisco Honório de Campos, um dos guardadores da memória e da história da cidade; o Museu de Arte Contemporânea, um dos incentivadores da imaginação, da criação, da reflexão sobre o fenômeno visual; e o Memorial JK, um dos responsáveis por fomentar relações amistosas, em especial homenageia o presidente Juscelino Kubitscheck, que visitou a cidade por duas vezes.

A primeira visita de JK foi em 1955: quando iniciou suas campanhas eleitorais para presidência da República, realizou o seu primeiro comício na Cidade das Abelhas, marcando a cidade e o país ao assumir publicamente, após questionamentos, que, se eleito fosse, transferiria a capital federal para as terras goianas. Um desejo antigo do povo brasileiro, alimentado desde os tempos coloniais.

Cinco anos depois, Brasília era inaugurada, honrando o compromisso de transferir para as terras avermelhadas do Planalto Central, como determinava a Constituição, a capital federal. Sua construção moderna, unindo concreto, vidro e desenhos arrojados, transformou-se em patrimônio cultural da humanidade, ao lado de cidades como Jerusalém, Veneza e Évora e de monumentos extraordinários como as Pirâmides do Egito e a Grande Muralha da China.

A segunda visita de JK a Jataí, e a primeira de um Presidente da República a nossa pequenina cidade, foi em 1960, para a inauguração da BR31, que passou a nos ligar a São Simão, Goiás. Pelo exposto, em homenagem ao presidente JK, Guerra (2010, p. 1) noticiou que no dia

> 11 de abril de 1992, o Governo do Estado de Goiás, praticamente transferiu-se para a cidade de Jataí. Foi uma homenagem especial à memória do presidente Juscelino Kubitschek, com a inauguração de uma obra do arquiteto Oscar Niemeyer, que lembra o compromisso histórico da construção, no Planalto Central, da nova capital do Brasil.

O grupo de Jataí foi composto por três professoras-narradoras, formadas em diferentes contextos curriculares e culturais do território brasileiro. Elas ministravam aulas e fomentavam a cultura na cidade abelha desde 1990, mais ou menos, e por suas experiências são extremamente conhecidas, respeitadas e admiradas na cidade. Elas me autorizaram a gravação e a publicação de suas narrativas, inclusive usando seus nomes e sobrenomes, pois não havia o que esconder ou silenciar, disseram. Entretanto, decidi nomeá-las pelos nomes de seus objetos biográficos especiais, que as marcaram, desenharam suas singularidades.

Assim, uma se chama Acordeão, em homenagem ao instrumento parceiro de uma vida; a outra, Papel, revelando sua paixão pela trama do papel, trama como tempo e tempo como trama que se desenvolve na memória e na história; a terceira, Maria Caixeta, pelas muitas caixas que colecionou na infância. Hoje sua casa é uma grande caixa afetiva. Essas e outras memórias e histórias transformadas em miniaturas de sentidos estão mais detalhadamente narradas na Parte III, a seguir.

PARTE III

MINIATURAS DE SENTIDO: O QUE DIZEM OS OBJETOS QUE HABITAM AS CASAS DE PROFESSORES DE ARTE?

Os caminhos percorridos nas casas das professoras-narradoras de Jataí foram cartografados pela emoção dos encontros e reencontros com seus objetos especiais. Muitos deles, biográficos, outros tantos de status, mas todos potentes guardadores do tempo vivo da memória. Em cada uma das casas visitadas eu andei diferente. Em uma, fui da sala à cozinha conhecer a jarra de louça ganhada em uma brincadeira de amigo secreto. Em outra, da cozinha ao quarto do casal apreciar as pinturas e os desenhos de figura humana, feitos, alguns, ainda na faculdade. E na terceira, da varanda às gavetas em busca dos lenços pintados e bordados delicada e poeticamente pela irmã mais velha, que infelizmente falecera há alguns anos.

Andei o que deveria andar — nem mais, nem menos. Nelas, conheci somente o que me foi permitido, apresentado e narrado. Uma das sensações que tenho desse percurso é de portas abertas, de que poderei voltar a qualquer momento para conhecer outros objetos biográficos guardados e suas histórias. Sendo que cada um deles tem nome, tempos partilhados, testemunhou e/ou promoveu experiências singulares e afetivas. Nesse universo precioso, Bosi (2003, p. 27, grifos da autora) afirma que tudo fala:

> [...] o teto, o fogo, as esculturas, as pinturas. Os pratos, as colheres blasonadas com o totem do clã são animados e feéricos. São réplicas dos instrumentos inesgotáveis que os espíritos deram aos ancestrais. O tempo acresce seu valor: *a arca passa a velha arca*, depois *a velha arca que bóia no mar*, até ser chamada de *a velha arca que bóia no mar com o sol nascente dentro*. A casa onde se desenvolve uma criança é povoada de coisas preciosas que não têm preço. As coisas que modelamos durante anos resistiram a nós com sua alteridade e tomaram algo do que fomos. Onde está nossa primeira casa? Só em sonhos podemos retornar ao chão onde demos nossos primeiros passos. Condenados pelo sistema econômico à extrema

> mobilidade, perdemos a crônica da família e da cidade mesma em nosso percurso errante. O desenraizamento é condição desagregadora da memória.

Por ter sido conduzido pelas professoras-narradoras em suas casas, lugares povoados de coisas preciosas e sem referências econômicas, desresponsabilizei-me das obrigações e preocupações de quem conduz processos e, igual a um espectador orgulhoso, feliz e atento, entreguei-me ao narrado, às coisas que elas têm guardado durante anos.

Às vezes, as narrativas eram interrompidas por lágrimas, outras por sorrisos de uma experiência vivida, relembrada e ressignificada para, em seguida, ser narrada. Às vezes, eu ouvia os bem-te-vis ou os maracanãs-nobre gorjeando animadamente pousados no teto da varando ou na sibipiruna florida da rua. Em outros instantes silenciosos, ouvia o roçar lento e sossegado da corda que sustentava a rede-cadeira em que uma das professoras se sentou para se entregar às lembranças, aos devaneios, à narrativa.

Os caminhos percorridos foram tantos e em muitas direções. E nesse ziguezaguear intenso, me perdi e me achei em outras direções uma porção de vezes, tanto nos interiores das casas visitadas quanto em minha transformação. Ou seja, saí de Jataí para Goiânia para cursar a Licenciatura em Artes Visuais e o mestrado em Cultura Visual. Depois, de Goiânia para Campinas para o doutorado em Educação e, em Campinas, decidi voltar a Jataí em busca de miniaturas de sentido das professoras de Artes Visuais que conhecia.

Voltei por desdobramentos de pesquisa. Voltei por necessidade de origens. Voltei por desejo e direito de me fortalecer com as histórias de minha tribo e para socializá-las com o mundo. Voltei para alimentar minhas raízes, deixá-las mais profundas e fortes. Voltei, esperançoso, para o lugar onde, inspirando na narrativa de Brandão (2005, p. 13), a Vida escolheu para me fazer nascer, onde

> [...] vivi uma parte de minha vida. Alguns rios que aprendi a reconhecer pelos nomes nas aulas de geografia nascem entre os vales e montanhas do lugar de minha casa – minha cidade, meu estado natal, minha pátria, meu país –, onde outras pessoas como eu foram destinadas a nascer e viver. Outros rios mais ao Sul nascem em "terras do Brasil" e escolhem desaguar num mar de lugares iguais a outros, onde alguns mesmos pássaros cantarão do mesmo modo os mesmos cantos. Mas lugares próximos e distantes onde os seres humanos falam com outros tons e acentos uma língua de consoantes e vogais iguais à minha.

Foi pelo afeto e pela curiosidade epistemológica em saber as histórias que os objetos que habitam as casas de professores de Artes Visuais contam que voltei para Jataí para produzir as narrativas que alimentaram a produção da investigação. E, após as entrevistas, voltei para Campinas rico em experiências singulares para defender a narrativa doutoral. Suas narrativas me comoveram e me fizeram pensar em inúmeras questões relacionadas à vida, à arte e à educação de professores de Artes Visuais. Elas mexeram em meus afetos, em meus sentimentos e, por isso, fizeram-se espelhos onde me reconheci, e, por isso mesmo, humanizaram-me.

Como, em uma narrativa doutoral, partilhar experiências vividas no interior do interior das casas das professoras-narradoras? Das inúmeras possibilidades existentes, a escolhida foi por transformar as narrativas, os aconselhamentos que ouvi, em Miniaturas de Sentido. Essa concepção partiu dos conceitos de mônada, utilizada por Benjamin (2011) e por Leibniz (1974), e miniatura a partir de Bachelard (2000).

Em relação ao conceito de mônada, é importante ressaltar que Benjamin (2011) se apoiou em Gottfried Wilhelm Leibniz (1646–1716). Um filósofo e cientista que, conquanto não fosse um artista, era, à sua época, comparado a Leonardo da Vinci. Leibniz produziu muito, especialmente nos campos da geologia, da história, da jurisprudência, da literatura, da mecânica, da matemática. O texto *A Monadologia*, escrito dois anos antes de seu falecimento, pormenoriza a teoria das mônadas.

A teoria de mônadas foi elaborada a respeito do modo pelo qual simples substâncias espirituais formaram a base para todas as formas compostas da realidade. A teoria é uma apropriação do termo grego "aquilo que é um" ou "unidade". Nessa direção, o filósofo e cientista procurava descrever um universo harmonioso, composto de um número sem fim de mônadas, organizadas hierarquicamente e originadas em Deus, um Mônada Supremo.

Assemelhadas aos átomos, as mônadas são as menores partes da alma, assim como os átomos são da matéria. Tanto os átomos como as mônadas possuem dimensões indivisíveis, simples, partes-todo. Entretanto, a singularidade com que cada mônada é composta se opõe à igualdade, à uniformidade possível nos átomos.

Na dialética dos opostos, o minúsculo, o pequeno, as mônadas são moradas das grandezas. Entendido dessa maneira, comecei a reconhecer cada experiência que atravessa a alma humana como sendo uma mônada e, nesta narrativa, denominada de Miniatura de Sentido. E, nesse trançado de simultaneidades, as miniaturas narradas pelas professoras são, ao mesmo tempo, delas, minhas e nossas. Sutis e vitais como o ar, elas nos conectam a todos. São espelhos que espelham nossa singularidade, nossa humanidade, nossa universalidade.

As cores é uma das narrativas geniais que compõem o texto de Benjamin (2011, p. 95), escrito aos 40 anos, em Paris, como presente, como herança para seu filho querido, Stephan, à época com apenas 15 anos de idade. Para mim, *As Cores* foi uma escrita-experiência, uma escrita-ritual, uma espécie de morte simbólica que, na autoridade da velhice, moribundo quase, usufruiu de uma última possibilidade para comunicar e comunicou "em histórias; às vezes como narrativas de países longínquos, diante da lareira, contadas a filhos e netos" (Benjamin, 2012, p. 123) as experiências por ele vividas em Berlin.

Em uma investigação imaginada sobre *o que contam os objetos que habitam casas de estudantes de quinze anos?*, esse texto talvez fosse um dos objetos especiais que Stephan me apresentaria, narrando as relações que estabelecera com ele e a partir dele.

Inteiramente tomado pela experiência de ler, li o texto *As Cores* (Benjamin, 2011, p. 95) inúmeras vezes: algumas silenciosamente, outras em voz alta e as demais para os meus amigos e colegas de trabalho e de estudo. E, todas as vezes que li, ia também me transformando, me tingindo de acordo com a paisagem na janela.

> Em nosso jardim havia um pavilhão abandonado e carcomido. Gostava dele por causa de suas janelas coloridas. Quando, em seu interior, passava a mão de um vidro a outro, ia me transformando. Tingia-me de acordo com a paisagem na janela, que se apresentava ora chamejante, ora empoeirada, ora esmaecida, ora suntuosa. Acontecia o mesmo com minhas aquarelas, onde as coisas me abriam seu regaço tão logo as tocava com uma nuvem úmida. Coisa se dava com as bolhas de sabão. Viajava dentro delas por todo recinto e misturava-me ao jogo de cores de suas cúpulas até que se rompessem. Perdia-me nas cores, fosse nos céus, numa joia, num livro. De todo modo crianças são sempre presas suas. Naqueles dias, podiam-se comprar bombons de chocolate em graciosos pacotinhos, nos quais cada tablete em forma de cruz era embrulhado em papel estanho colorido. Essas pequenas obras, amarradas por um áspero barbante dourado, reluziam com seu verde e amarelo, seu azul e laranja, seu vermelho e prateado; em parte alguma duas peças da mesma

> cor se tocavam. Vencendo esse cintilante obstáculo, aquelas cores irromperam um dia sobre mim, e ainda sinto a doçura com que meu olhar ia se desfazer mais em meu coração que em minha língua. Pois, antes que eu fosse derrotado pela sedução das guloseimas, esse senso superior, com um golpe, sobrepujou em mim o inferior, me arrebatando.

Bachelard (2000, p. 164-165), complementa e intensifica os valores e as qualidades das mônadas, das miniaturas como sendo contrárias aos fragmentos, às partes que integram um todo. Assim, as relaciona ao ínfimo, ao minúsculo,

> [...] porta estreita por excelência [que] abre um mundo. O pormenor de uma coisa pode ser o signo de um mundo novo, de um mundo que, como todos os mundos, contém atributos de grandeza. A miniatura é uma das moradas da grandeza [...] a miniatura estende-se até as dimensões de um universo. O grande, mais uma vez está contido no pequeno. Pegar uma lupa é prestar atenção, mas prestar atenção já não será possuir uma lupa? A atenção, por si só, é uma lente de aumento.

Os textos de Bachelard (2000) também são mais que comunicáveis, são experienciáveis. Essa ideia aparece em sua obra, apoiada, principalmente, em sua intenção de induzir o leitor ao estado de leitura suspensa. Ou seja, em vez de ler o texto sobre quarto, o leitor revê, rememora o dele. E, de modo semelhante aos textos de Benjamin (2011, 2012), ajudou-me a desenvolver uma leitura-experiência, uma leitura que se deixa experienciar, tingir, transformar. Pois, para Bachelard (2000, p. 33), para evocar

> [...] os valores de intimidade, é necessário, paradoxalmente, induzir o leitor ao estado de leitura suspensa. É no momento em que os olhos do leitor deixam o livro que a evocação do meu quarto pode tornar-se um umbral de onirismo para outrem. Então, quando é um poeta que fala, a alma do leitor repercute, conhece essa repercussão que, como diz Minkowski, devolve ao ser a energia de uma origem [...] há um sentido em dizer que "escrevemos um quarto", que "lemos um quarto", que "lemos uma casa". Assim, rapidamente, desde as primeiras palavras, na primeira abertura poética, o leitor que "lê um quarto" interrompe sua leitura e começa a pensar em algum aposento antigo. Você gostaria de dizer tudo sobre o seu quarto. Gostaria de interessar o leitor em você mesmo no momento em que entreabriu a porta do devaneio.

Assim, compus esta Parte III da narrativa partindo das memórias evocadas e das histórias narradas pelas professoras de Jataí a partir dos objetos biográficos que habitam suas casas, partilhadas em pequenas narrativas, transformadas em miniaturas de sentidos. E o meu desejo mais amoroso é que elas se transformem em instantes pelos quais vocês, leitores, interrompam o fluxo de suas leituras para pensar, relembrar, estabelecer relações com seus universos pessoais e culturais, a partir dos objetos que escolheram guardar em suas casas.

A professora Acordeão é a única das três que não nasceu em Jataí, mas em Veranópolis, Rio Grande do Sul, um paraíso encrustado na Serra Gaúcha, região do Vale dos Vinhedos. É reconhecida como a capital brasileira da longevidade, sendo a terceira cidade com maior longevidade média da população no mundo. Terra rica e experiente no cultivo de maçãs.

Em seu currículo Lattes, consta que Acordeão possui graduação em Licenciatura Plena em Educação Artística, com habilitação em Artes Plásticas, pela Universidade Federal de Pelotas (UFPel), em 1982. Na sequência, em 1995, especializou-se em Educação Brasileira e, em 2004, defendeu sua dissertação de mestrado, ambos pela Faculdade de Educação da Universidade Federal de Goiás (FE/UFG). Hoje, é professora titular aposentada do Centro Federal de Educação Tecnológica de Goiás – Campus Jataí.

Consta também que em sua especialização investigou *A arte e a construção do conhecimento*, e, no mestrado, *Multiculturalismo e Educação*. Possui inúmeras formações complementares, dentre elas, em literatura e produção de textos; em línguas: o espanhol e o inglês; em pintura: contemporânea, a óleo, em tecido; em pátina: em madeira e objetos; em flores artesanais; de expressão plástica e musical; em teoria e solfejo; em introdução ao Método *Tallent Education*; em acordeão fundamental.

Na contraposição, à plataforma Lattes não interessa publicar uma porção de experiências igualmente formadoras da professora singular em que Acordeão se transformou. Por exemplo, que o instrumento aprendido na infância, o acordeão, foi comprado de segunda mão, e que seu uso intenso e poético deixou marcas profundas em seu corpo, em sua alma e nas escolas por onde trabalhou. O acordeão se tornou a sua marca, a sua cara, a sua singularidade.

Ela tinha apenas 13 anos de idade quando se formou na Escola Musical Farroupilha, em Porto Alegre. Era um gosto do seu pai que todos os filhos tocassem acordeão. Seus irmãos tentaram, mas desistiram, e ela foi até o final. Começou a tocar aos 9 anos de idade, na cidade de Fagundes Varela/RS, no colégio das Irmãs Pastorinhas.

Uma das Irmãs, Gabriela, sua professora de música, formou um grupo para estudar música. Eram várias salas com muitos estudantes, não soube precisar quantos. O curso de acordeão tinha duração de quatro anos. Estudavam ritmos, teoria e solfejo. As aulas eram em todas as tardes, de segunda a sexta-feira. Um dia era teoria, no outro solfejo e nos demais ensaiavam o instrumento.

Nessa época, Acordeão não possuía um acordeão, mas, como morava próximo ao colégio, seu pai atravessava a praça, à tardinha, todas as sextas--feiras, levando um emprestado para casa, para estudar nos finais de semana. Nas segundas, o devolvia, cedinho, para outros estudarem.

Segura de si, Acordeão me disse que precisou ter muita força de vontade para não desistir. Nunca desistiu de algo no meio do caminho. Aliás, não se lembrava de ter desistido de alguma coisa que começou a fazer.

Aprendeu tudo. De ler a partitura à postura adequada para meninas apoiarem o acordeão para tocar. Relembrou com sorrisos, principalmente, no olhar!

No primeiro e no segundo ano, todas as provas foram realizadas em sua cidade, e as do terceiro e quarto, em Porto Alegre, na Escola Musical Farroupilha. E, para a avaliação do quarto e último ano, ela teria que tocar, para a banca, duas das cinco músicas preparadas. Eles observariam tudo: os baixos, os teclados, a posição, a melodia.

Lembrou-se de que, da prova final e consequente formatura, participariam somente duas cursistas, uma colega chamada Salete e ela. Infelizmente, a companheira não pôde comparecer por problemas pessoais, e Acordeão representou sozinha a escola inteira, em Porto Alegre. Foi marcante receber o diploma do curso de Música aos 13 anos, disse-me.

Saudosa, rememorou que a Irmã Gabriela, sua professora querida, era tão perceptiva, de um ouvido apurado, quase absoluto, como dizem os músicos, que poderia estar do outro lado do quarteirão, mas, se algum estudante tocasse uma nota errada, ela percebia e dizia que se estava tocando errado no lugar tal, na nota tal, e que precisavam reiniciar.

Durante a sua graduação, Acordeão interessou-se também em aprender a tocar outro instrumento: o escolhido foi a viola de quatro cordas. Naquela ocasião, foi convidada por seu professor de Música da universidade, membro da Orquestra Sinfônica de Pelotas, tocando violoncelo, a participar de um ensaio. Na sequência, revelou emocionada que conviver com a Orquestra foi uma realização e uma frustração ao mesmo tempo porque, no dia do seu teste de admissão, foi tomada pela emoção e não conseguiu se concentrar e tocar. Então simulou alguns acordes...

Depois, em Santa Maria, Rio Grande do Sul, fez um curso de violino, de uma semana apenas, com o professor Jonh Kendal, um importante educador musical. Surpreendida, comentou que viu milagres naquele curso: crianças e adultos que nunca pegaram em um violino, depois de uma semana estavam tocando. Na época, estava com 21, 22 anos de idade e cursava o segundo ano da Licenciatura em Educação Artística, com habilitação em Artes Plásticas, em Pelotas/RS, por ser a única opção.

Depois de um suspiro demorado, afirmou que crescera entre as expressões visuais e sonoras, sendo uma professora polivalente, professora de Educação Artística. E mais: considerou que ter habilidades em mais de uma expressão artística ampliava sua liberdade e autonomia em ensinar. O problema era o tempo curto das aulas de arte no currículo. Todavia, ofertava grupos experimentais no contraturno, os quais verticalizavam as experiências estéticas de seus estudantes, ou nas artes visuais, ou na música.

Mais velha, ainda morando no sul, já possuía um acordeão *Mondiale* azul que seu pai comprara de segunda mão e que, alguns anos depois, apresentou alguns problemas de som. Passou-o adiante. Com o dinheiro dessa venda, comprou um violão e passou a estudá-lo.

Já o acordeão que eu a vi tocando em sua casa, quando das entrevistas, foi comprado há mais ou menos 20, 21 anos. Era um *Tosdechinni* e chegou à cidade de Jataí, trazido do Mato Grosso, por um revendedor de instrumentos musicais. Havia pertencido a uma pessoa que falecera, e seus familiares estavam se desfazendo dele. Experimentou um, o outro, mas, quando viu o terceiro, um *Tosdechinni* vermelho, pensou: foi feito para mim.

Antigamente, os *Tosdechinni* vinham da Itália, eram raros e caros. Hoje, ela não sabe onde comprar um acordeão dessa marca, que é a melhor, em seu julgamento. Com pesar, informou também que são raros os professores desse instrumento. Em Jataí, por exemplo, não tem.

Entristecida, Acordeão desabafou que estava com um problema no braço causado pelo esforço repetitivo de tocar, que não tocava há meses. Entretanto, contrariando essa dor intensa e a falta de ensaio nos últimos tempos, foi ao armário, no quarto, e trouxe o acordeão para a cozinha, para tocar para mim. Foi uma honra! E, quando se organizava, reclamou que é ruim ficar sem tocar por tanto tempo, pois, além de enferrujar, esquece, desliga-se da leitura musical.

Ainda na década de noventa, a gestão da Escola Técnica Federal de Jataí, onde Acordeão trabalhava, ao comemorar o aniversário da instituição, realizou uma gincana com os estudantes. Uma das tarefas de cada um dos dois grupos era levar um acordeonista para tocar. Quando no auditório chamaram um grupo para apresentar o acordeonista convidado, um senhor subiu e tocou. Quando chegou a vez do outro grupo, ela olhou para o palco e viu que o acordeão vermelho *Todeschinni* que estava posto lá por essa turma era o seu. Espantada, questionou: como havia parado ali?

Os estudantes desse segundo grupo eram calouros e ainda não a conheciam, e ela também não comentou nada, não se apresentou como acordeonista nos encontros anteriores. No entanto, algum professor contou para eles e, então, enviaram o carro oficial da escola, uma Kombi, à sua casa para buscar o seu acordeão vermelho querido, para que ela os representassem naquela etapa da gincana. No princípio não gostou, depois entrou na brincadeira e se divertiu!

E, no instante seguinte, a chamaram para subir ao palco para tocar. Extremamente ansiosa, subiu imaginando o que tocar, quando escutou alguém dizendo para que ela tocasse a mesma música que tocou no ano passado — era linda! Então, tocou *Tema de Lara*.

Enquanto narrava, afirmava que só quem deixou de praticar um instrumento por alguns meses e é convocado a tocar, assim de última hora, ainda mais para um público enorme, sabe a emoção que provoca.

E, admirada com meu desconhecimento sobre sua formação em acordeão, confessou, emocionada, que completaria no próximo ano, em 2013, 28 anos de trabalho educativo em Jataí. Uma vida! E praticamente toda a cidade a conhecia como *a professora de artes e acordeonista*, tanto no Instituto Federal de Educação Tecnológica de Goiás (IFG), campus Jataí, quanto no Instituto Presbiteriano Samuel Granham (IPSG), onde ministrou aulas e animou as quadrilhas das festas juninas.

Corporalmente, Acordeão também foi marcada. Como disse anteriormente, ela estava com problemas no tendão, mas queria se recuperar logo, porque ainda desejava tocar muito. E sonhava que seus netos a vissem tocando um instrumento alegre e elegante.

Essa miniatura de sentidos foi uma surpresa feliz e desafiadora em muitas direções. Ao levar seu instrumento para cozinha para tocar, Acordeão *tocou* igualmente em uma das maiores tensões da educação das artes na atualidade: o perfil profissional especialista *versus* o polivalente e tecnicista.

E também *tocou* em meu processo formativo, visto que iniciei a licenciatura em um currículo de Educação Artística, com habilitação em Artes Plásticas, como narrei na Parte I.

A dobra em meu perfil profissional para o currículo que formaria professores especialistas em Artes Visuais foi um imperativo da Lei 9394, de dezembro de 1996, ou seja, iniciei minha licenciatura em 1999, praticando um currículo inteiramente polivalente. Cursei oficinas interdisciplinares de Música, Teatro e expressão oral e corporal e, em 2000, iniciamos o currículo especialista, veemente e fervoroso contra a maioria das reflexões apregoadas pelo currículo que havíamos praticado no ano anterior.

Tendo dobrado, passei a me alimentar de imagens que desconsideravam completamente a concepção polivalente. A ideologia que alimentava o novo perfil profissional do professor de Artes Visuais era que deveria superar sua condição de professor técnico e desprovido de vontade, conforme Camargo (1997, p. 69), pois praticamente não possui a afinidade com uma ou outra expressão artística. Assim, as interlocuções estabelecidas afirmavam que os professores de Educação Artística ainda continham resquícios de uma

> [...] ideologia liberalista, que já norteava a Pedagogia Tecnicista. Ao nosso ver, isso pode ser evidenciado pela concepção Polivalente nesse ensino. A Polivalência, instituída pela legislação da Educação Artística, que concebe o professor como um técnico, desprovido de vontade. Ignora sua afinidade com uma ou outra área de expressão. Concebe o ensino de Arte como o campo da promoção de uma formação instrumentalizadora que fosse capaz de realizar a sondagem de aptidões, desenvolvimento e aplicação da arte em seus diversos campos: visual, musical, cênico e técnico. Para tanto, concebia a existência de um único profissional, preparado apenas em uma Licenciatura curta (máximo dois anos) para o exercício do magistério de primeiro grau. Para que este mesmo professor atuasse no segundo grau, promovia as Habilitações específicas (mais dois anos no máximo), em Artes Plásticas, Música, Artes Cênicas, Desenho e outras (a critério da Instituição de ensino Superior onde se realizava o curso) para o magistério no segundo grau de ensino. Além disso, o segundo grau teria também a finalidade de preparar técnicos, segundo a Lei 5692, para o exercício de atividades complementares às dos profissionais de nível superior. No campo da Arte poderiam ser os Arquitetos, Desenhistas de Interiores, Artistas, Músicos e demais profissionais correlatos. Ao nosso ver, a origem da concepção polivalente é meramente técnica, pressupõe a crença de que é possível

> preparar um indivíduo para o exercício do magistério do primeiro grau, com habilidades suficientes para sondar aptidões, estimular a criação e a criatividade, informar sobre História e Filosofia da Arte, desenvolver atividades técnicas no campo da expressão musical, expressão cênica, do desenho e da plástica, tudo isso numa licenciatura de curta duração com, no máximo, dois anos. Como dissemos, acreditar nisso é acreditar que a Arte possa ser tratada como um assunto de ordem exclusivamente técnico, pressupondo-se a existência ou a possibilidade de existirem técnicas e modelos prontos e acabados, passíveis de transmissão. Esta pretensão acabou por conduzir o ensino de Educação Artística ao atual quadro de desmantelamento.

E ao produzir meu TCC, em 2003, intitulado "O Percurso Histórico da Licenciatura em Artes Visuais na Universidade Federal de Goiás" (Assis *et al.*, 2003, p. 20), verificamos que reflexões conceituais e procedimentais começaram a ser produzidas nas décadas de oitenta e noventa do século passado, a partir da

> [...] mobilização dos docentes em congressos, conferências e associações buscava discutir questões de arte-educação [...] a polivalência e a licenciatura curta em arte eram pontos nevrálgicos das discussões. Apesar do continuísmo da prática polivalente, alguns professores de arte tornam-se agentes críticos da sociedade, transformando o ensino de arte em ação formadora de uma consciência crítica. Esse posicionamento é levado as últimas instâncias, gerando docentes com ênfase em uma conscientização político-social que usam, para isso, os conteúdos específicos da arte. Por outro lado, Barbosa (1997, p. 10) explica que "as metodologias que orientaram o ensino de arte nos anos 80, consideraram a arte não apenas como expressão, mas também como cultura, apontando para a necessidade da contextualização histórica e do aprendizado da gramática visual que alfabetize para a leitura da imagem". Essas metodologias que começam a ser usadas são o início de novos tempos para a arte-educação. Nos EUA, o DBAE (*Discipline Basead Art Education*) – Arte-educação como disciplina e que trabalha quatro disciplinas básicas para o ensino de arte: a produção, a crítica, a história e a estética da arte. Já no Brasil, em 1987, no Museu de Arte Contemporânea da Universidade de São Paulo (MAC-USP), a professora Dra. Ana Mae Barbosa elabora um programa de arte-educação que combina atividades de ateliers com história da arte e leituras de obras de arte.

Por ter sido alimentado por uma porção de imagens como essas, passei a recriminar as concepções e as práticas polivalentes. Desconsiderando-as, desconsiderei também a singularidade de cada professor, seus percursos, seus saberes, seus sonhos, suas dobras e, ainda, uma parte importante de meu percurso formativo — o primeiro ano de graduação e o que ele significou: a realização de um sonho de trabalhar com as artes plásticas, à época, e a possibilidade de sair de Jataí para olhar o mundo, sobretudo o das imagens.

E por que silenciar minha experiência com a polivalência? Por que não escutar o que ela tem para dizer? A polivalência não é o outro necessário, o que contrapõe, o diferente? Não é, também, o proibido, o superficial, o ultrapassado? No entanto, a partir dessa miniatura de sentido, passei a considerá-la necessária porque, polarizada com a especialização, permitiu-me encontrar um tom, um meio termo, um lugar especial para desenvolver minha singularidade profissional, acolhendo, essencialmente, meus percursos pessoais e sociais.

Nossa singularidade é marcada pela diferença. Entretanto, essa marcação da diferença não deixa de apresentar problemas sérios. Por um lado, a afirmação da diferença entre os polivalentes e os especialistas envolve a negação de que não existem, e nem possam existir, quaisquer similaridades entre os dois grupos. E, assim, evitam-se parcerias que resultarão em outras tramas, outros bordados, outros tecidos.

Essa foi a primeira vez que ouvi uma professora de educação artística assumir-se polivalente porque ser polivalente a deixava muito mais livre para trabalhar com os desejos e os interesses de seus estudantes. E, melhor, não interrompi seu discurso, dizendo que as práticas que professam não garantem, não asseguram uma aprendizagem consistente em arte — crítica e investigativa, como sempre fiz.

Continuo acreditando que uma educação em arte pautada em atividades em todas as expressões artísticas e regidas por um único professor, sem intimidade, sem um longo percurso nas expressões que deseja mediar, é incipiente. Em educação e em aprendizagem artística, precisamos de muito mais tempo, de espaços específicos e diferenciados e de materiais adequados para que as relações estéticas, artísticas e pedagógicas se aprofundem e se consolidem.

Deixo minha digressão para voltar à professora Acordeão. É importante relatar, aqui, que seu filho mais velho já havia pedido seu acordeão de presente, como herança. O que ela achou muito bom porque, dessa maneira, ninguém brigará por ele quando ela faltar. Apesar de não garantir que os filhos gostem das mesmas coisas de que gosta, desejava muito ver um filho tocando seu instrumento querido.

Então, cheia de expectativas por cultivar em seus filhos e estudantes a práxis de que conhecer é também zelar, é guardar o que passou, e não apenas consumir a tecnologia nova, revela-me que, ao comprar uma peça, prefere sempre a antiga, a que tem tempo vivido, por isso, muitas histórias para contar.

Encantada, pediu para que eu me levantasse e sentisse o cheiro da madeira nova do armário que acabara de chegar para guardar suas coleções de porcelanas *Schimdt*, que estão com ela há 30 anos. Orgulhosa, disse que foi ela quem desenhou o móvel e depois mandou fazer. Uma das coleções que ela abrigava foi presente de casamento; a outra, herança da família do seu esposo; e a terceira, infelizmente incompleta, herdou de sua mãe, e está à procura das peças restantes, que imagina estar no Paraná, na casa de um irmão. Como gosta de guardar coisas antigas, especialmente as da família!

Quase no fim do encontro, revelou um segredo: seu esposo idealiza construir um museu na fazenda e, para isso, vem colecionando vários objetos antigos. Essa confissão emergiu do meio de outras, enquanto narrava sobre seu gosto por guardar objetos que revelam histórias significativas e sobre sua inclinação de não se desfazer de nada. E confidenciou que se rendera ao ofício, à tarefa de juntar coisas porque não consegue pensar o que será dos seus objetos biográficos, especiais, transbordados de afeto, quando ela não estiver mais entre eles e, também, com a finalidade de mostrar a evolução, o que se passou.

Acordeão contou que construir um museu, juntamente de seu esposo, foi uma escolha sábia e feliz. Talvez o gosto por preservar o que passou seja uma influência de sua cidade natal, Veranópolis, Rio Grande do Sul, terra da longevidade, pois, quanto mais vivemos, mais guardamos experiências, objetos, afetos.

Quando me disse que sua finalidade ao guardar coisas era mostrar os processos na arte, na tecnologia e em sua vida pessoal, me fez lembrar da dona da casa verde da esquina, que acumulava, obsessivamente, objetos de toda sorte. Teria ela, também, objetivos definidos? Infelizmente, desconheço os motivos que a animam, anos após anos, a ajuntar tantas coisas díspares em sua casa. Também me lembrei do Arthur Bispo do Rosário, artista fabuloso que passou 50 anos na Colônia Juliano Moreira, no Rio de Janeiro, juntando coisas e criando um universo riquíssimo de objetos cotidianos plurais para apresentar a Deus no juízo final.

Movido pela obra do Bispo, eu tenho me comovido com as coisas simples, rasteiras, cotidianas, domésticas e, ao mesmo tempo, com as sociais, políticas, estéticas de meu cotidiano. Sua obra tem me ensinado a olhar para meu cotidiano, para os objetos que guardamos em casa, e perceber o quanto eles podem ser expressivos e comunicativos. Sua expressão, seu ofício de registrar o mundo, fez-me sentir e pensar, a um só tempo, a ontologia e a poesia das coisas, em especial dos objetos que habitam nossas casas.

À altura da entrevista, a professora Acordeão já possuía jarros antigos, ferros, objetos de agricultura, carroça, trilhadeira, pilão, vasos, peças de plainas, bancos feitos com canga de boi, telefone de parede com cores, celulares para construir o acervo de seu museu. Igualmente, já vinha colecionando suvenires de diferentes locais turísticos do Brasil para, além de sonhar possuir um museu, fazer de sua casa um museu, um lugar onde pudesse conhecer a arte, o folclore, o artesanato de cada região e, quando tivesse oportunidade, do exterior também.

Figura 2 – Mesa multicultural

Fonte: acervo pessoal (2012)

Uma surpresa feliz, quando retornei a Jataí para ler com as professoras-narradoras o que havia escrito, transformado em miniaturas de sentido, a partir de suas narrativas orais, foi encontrar *não mais uma mesa multicultural*, mais uma *estante multicultural* na casa da professora Acordeão. Encantada, Acordeão disse-me que restaurou uma estante da família, que estava encostada, e acondicionou sua coleção de suvenires, inclusive os que ganhara dos filhos que, tendo viajado para o exterior, lembraram-se desse seu gosto e a presentearam. Assim, seu anseio em colecionar suvenires de diferentes locais turísticos do Brasil e do mundo vem se consolidando.

Figura 3 – Estante multicultural

Fonte: acervo pessoal (2015)

E mais, disse-me Acordeão: quando um objeto estraga, sem a possibilidade de concerto, um eletrodoméstico, por exemplo, a maioria das pessoas joga fora, mas ela não consegue fazer isso porque precisa guardar para mostrar o tempo vivido em outros tempos a seus filhos e netos, fazendo resistir no tempo e no espaço sua crônica familiar, fortalecendo raízes culturais e preservando memórias. Talvez, em sintonia com Bosi (2003, p. 27), porque

> [...] as coisas que modelamos durante anos resistiram a nós com sua alteridade e tomaram algo do que fomos. Onde está nossa primeira casa? Só em sonhos podemos retornar ao chão onde demos nossos primeiros passos. Condenados pelo sistema econômico à extrema mobilidade, perdemos a crônica da família e da cidade mesma em nosso percurso errante. O desenraizamento é condição desagregadora da memória.

Alegre, sorriu dizendo que ninguém guardaria um videocassete estragado. E o dela, que fora bem zelado, durou aproximadamente 21 anos, não suportou mais, mas *"já guardado para o museu"*. Na sala de aula, quando perguntava a seus estudantes, a maioria com 14, 15 anos, cursando o primeiro ano do ensino médio, se conheciam um videocassete, poucos dizem que sim. E também não conheciam a fita, porque são nativos da era do DVD e das possibilidades vinculadas ao mundo digital.

Emocionada, argumentou que está fazendo sua parte ao colecionar e não jogar fora o passado. Ouvir essa confissão, a imagem da narrativa de Benjamin (2012, p. 216), segundo o qual narrar é muito mais uma "sugestão sobre a continuação de uma história que está se desenrolando" e que, por ser relevante, necessita ser contada e recontada infinitas vezes, sobretudo para não se perder no esquecimento do tempo, do espaço e das relações sociais, fortaleceu-se em min.

E, sintetizando em poucas palavras, ela disse que se realizou como professora de Educação Artística. Que não trabalhou por obrigação ou somente para garantir seu sustento, seu salário, mas alimentada pelo prazer de fazer o que gosta: dar aulas.

Por fim, sua miniatura de sentido acendeu, em mim, o desejo de aprender música, via acordeão, *um instrumento tão alegre e feliz*. Experiência que ampliaria minhas capacidades de perceber e relacionar com o mundo, com os outros e comigo mesmo. Concomitantemente, acendeu em mim o desejo de retomar meu processo criativo plástico e criar marcas profundas tanto em meu corpo, em minha alma, quanto nas escolas em que trabalhar.

A professora Papel abriu o portão de sua casa com um sorriso fraterno e extremamente receptiva e decidida a colaborar comigo na produção dos dados da investigação. Logo nos primeiros instantes, ainda sentado no sofá da sala, já percebi sua casa repleta de cantinhos especiais, toda decorada de saudade e segura contra as tempestades dos céus e da vida. E nesse território de intimidades, abrigados e agasalhados, iniciamos nossa entrevista narrativa e não diretiva, nossa visita guiada ao seu museu de afetos.

Da casa de meus pais, onde estava hospedado, até chegar à sua casa como museu, foi uma caminhada repleta de memórias que me alimentavam as reflexões e os sonhos, especialmente o de me transformar em um professor de Artes Visuais doutor em Educação. Como na infância, abri o portão e segui na Rua José de Carvalho até a Rua Dorival Carvalho, quase esquina com a Rua Miranda de Carvalho. No percurso, passei em frente ao Hospital Regional de Jataí, onde a Vida escolheu me fazer nascer, hoje chamado de Hospital Padre Tiago, atravessei o último quarteirão da rua onde, desde criança, destacava-se a casa do bispo e minha curiosidade de visitá-la, e virei à esquerda, depois à direita, caminhei mais duas quadras, avistando a Igreja Matriz, tão alta, tão antiga, tão formosa. Atravessei sua praça em diagonal para contemplar de perto, mais uma vez, suas preciosidades: seu coreto, seu relógio solar e, enfim, cheguei!

Papel graduou-se em Artes Visuais, bacharelado em Artes Plásticas, no antigo Instituto de Artes, da Universidade Federal de Goiás (IA/UFG). Atualmente, o IA/UFG não existe mais, seus cursos foram desmembrados em sintonia com a fragmentação e a especialização dos saberes e dos fazeres relacionados aos universos acadêmico e profissional, que também atravessou o campo das artes. Em prédios separados dentro do Campus Samambaia, vêm formando os profissionais de Arte que ministram aulas em qualquer área na educação básica, a Faculdade de Artes Visuais (FAV), a Escola de Música e Artes Cênicas (Emac) e Faculdade de Educação Física e Dança (FEFD), na qual, na época da investigação, havia sido recentemente criada a Licenciatura em Dança.

Uma confissão emocionada iniciou nossas conversas. Papel me disse que foi, ao mesmo tempo, estudando arte-educação acompanhando o desenvolvimento das capacidades criadoras de seus quatro filhos. *"Todos desenham até hoje!"* Estão na universidade e continuam desenhando e, com carinho, afirmou que guarda desenhos que seus quatro filhos produziram desde bebês até hoje. Aliás, guardou os desenhos não só de seus meninos, mas de sobrinhos e de alguns estudantes do início de sua carreira. Eles não estão organizados, catalogados, mas estão guardados, à espera de algum estudo com eles ou a partir deles.

Mesmo não sendo licenciada em Artes Visuais, iniciou seu ofício de professora no extinto Jardim da Infância, com crianças de 4 anos. Na sequência, por um período de mais ou menos dois anos, ensinou Arte para as 5as e 6as séries. E de 1990 até 2021, atuou como professora das disciplinas Arte e Educação I e II, do curso de Pedagogia, da Faculdade de Educação da Universidade Federal de Jataí (UFJ). Profissionalmente, sua história foi tramada muito mais com licenciandos em Pedagogia do que com estudantes da educação básica, como foi com as professoras Acordeão e Maria Caixeta.

Enriquecendo sua narrativa, sua história pessoal profissional tramada, especialmente, aos estudantes das disciplinas Arte e Educação I e II, mostrou-me um suvenir que ganhou de uma de suas estudantes, quando visitou o museu Picasso na Espanha. E, segurando-o, disse que a discente, ao lhe entregar o presente, relatou que havia viajado e visitado alguns museus e só se lembrava dela e do que havia vivenciado em aula. Feliz, Papel afirmou que é emocionante despertar outros seres humanos para as artes.

Talvez por saudades do futuro, Papel cultivou o hábito de guardar coisas de toda sorte em sua casa, com a intensão de um dia desenvolver uma criação artística; assim, tem guardado o cordão umbilical de seu primeiro filho. E, talvez por saudades do passado, tem trabalhado pela manutenção da cultura material de Jataí, reverberada nas memórias e nas histórias que ajudou a preservar e a socializar, de maneira mais específica, quando foi diretora do Museu Histórico Francisco Honório de Campos e, de maneira geral, nas aulas ministradas no curso de Pedagogia.

A ideia de guardar o cordão umbilical de seu primogênito, para usá-lo em alguma produção artística, foi semeada na graduação. Mais especificamente, quando em uma palestra, em um dos muitos seminários dos quais participou, o professor palestrante apresentou várias imagens contemporâneas referentes ao corpo, mas, infelizmente, Papel nunca recuperou essas imagens, pois havia esquecido os nomes das obras e do artista apresentados. Disse-me que, dentre os muitos trabalhos vistos, aquele feito com cordão umbilical do filho do artista a comoveu profundamente e a motivou a desenvolver perspectivas semelhantes.

Um outro objeto biográfico que Papel guardou em sua casa como museu que alimenta sua necessidade de produção artística é uma casca de árvore, encontrada às margens do córrego Três Barras, uma das nascentes de sua propriedade rural, a fazenda Veredas, situada no município de Caiapônia, Goiás. Para ela, o desenho e a textura desse achado são de extrema beleza e delicadeza, principalmente porque foi esculpida pelo tempo lento e continuado das ondas do riacho.

Figura 4 – Casca de Árvore

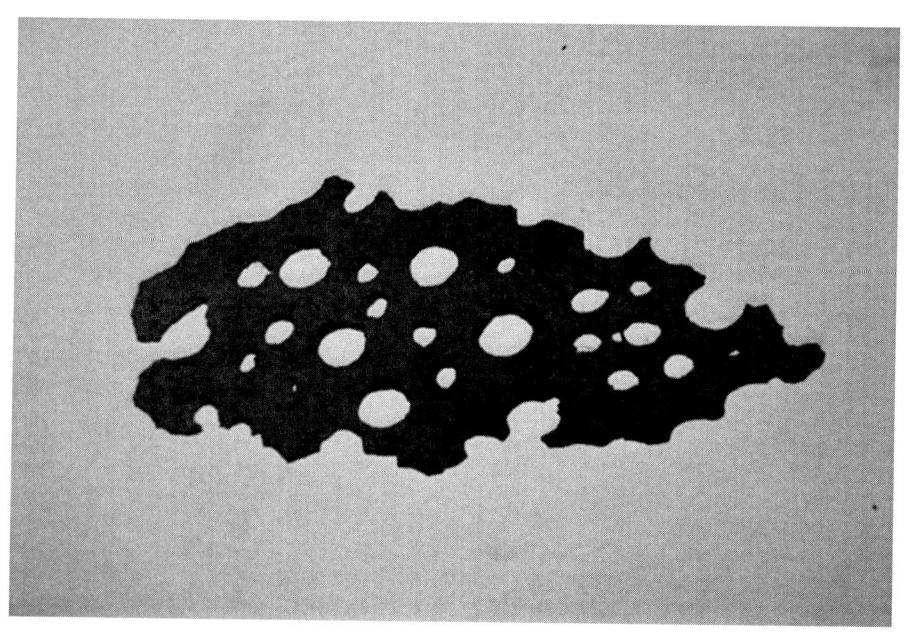

Fonte: acervo Papel (2006)

Ao guardar o cordão umbilical e a casca da árvore como possibilidades criativas, como futuro, trouxe para a narrativa, para as minhas reflexões, uma de suas principais angústias: a de não mais explorar materiais e possibilidades criativas e artísticas visuais, porquanto seu tempo, reclamou-me, foi inteiramente tomado pelo exercício da docência. Ao trazer para cena sua questão pessoal, trouxe, também, a cisão entre o fazer artístico e fazer pedagógico reclamada pela maioria dos professores de Artes Visuais.

Em seu memorial de seleção para o mestrado, Papel revelou que sempre esteve

> [...] como Cecília Meireles neste poema[2], a procura do desenho da vida. Cada traço vivido e desenhado, em linhas, em cores, em um espaço, construiu minha historicidade. No entanto, um determinado espaço permanecia vago e me levava a continuar tentando traçar uma vida profissional. Nesta ânsia

[2] "Ando à procura de espaço/para o desenho da vida./Em números me embaraço/e perco sempre a medida./Se penso encontrar saída,/em vez de abrir um compasso,/Projeto-me num abraço/e gero uma despedida./Se volto sobre o meu passo,/é já distância perdida./Meu coração, coisa de aço,/começa a achar um cansaço/está à procura de espaço/para o desenho da vida./Já por exausta e descrida/não me animo a um breve traço:/- saudade do que não faço,/- do que faço arrependida." ("Canção excêntrica", Cecília Meireles, 1983).

> de descortinar o passado percebo hoje que minha formação escolar foi incompleta. A escola que freqüentei era desvinculada dos acontecimentos reais, marcada por uma política educacional tecnicista e burocrática dos anos setenta. Em 1984 graduei-me em Artes Visuais e iniciei uma trajetória em busca de uma identidade profissional, pois sabia que a faculdade não havia me transformado em artista [...] Meu curso foi prático, técnico, não havia formação teórico-filosófica, nem humanista. Das disciplinas teóricas que tive, só me recordo de história da arte na qual eu questionava: afinal, o que é arte? Que filósofos, teóricos, a definiram, e como a definiram, ao longo do tempo? O que leva o sujeito a se tornar um artista? O que é ser produtor de arte? Estas questões, no entanto, o Curso não respondeu [...] Eu me dediquei à gravura. Passava praticamente dia e noite dentro do atelier de gravura, apresentando ao professor o resultado de diferentes pesquisas que realizava sobre esta técnica, em forma de trabalho. (Durante o período em que cursei a faculdade fui premiada em dois concursos de Arte). No entanto, havia uma insatisfação interna que não conseguia explicar. Eu não concordava com alguns trabalhos apresentados pelos colegas, ou seja, com a arte que muitos deles produziam; para minha concepção de arte, poucos se enquadravam. Neste sentido também estava insatisfeita com a minha produção, e já estava me formando; cobrava muito de mim mesma e perseguia uma produção mais contemporânea. Minha revolta estendeu-se a todas as propostas que a minha turma fez sobre formatura. Por obrigação, apenas colei grau. Não participei de nenhuma atividade, não fiz nenhuma foto de formatura. Para mim eu não era uma artista e era isto que buscava (Pinto, 2002, p. 6).

Como disse, essa situação angustiante entre o fazer artístico pessoal e o ensinar arte não é exclusividade dela. Não se reconhecer artista é uma angústia da maioria dos professores de Artes Visuais que conheço e conheci, principalmente quando trabalhei no Centro de Estudos e Pesquisa Ciranda da Arte. Eu também, ao mergulhar no universo da educação das artes, não me mantive firme e motivado em meu desejo primordial de ser pintor.

Imagino que a angústia de Papel seja mais intensa que a minha — se angústia for mensurável —, porque ela cursou o Bacharelado em Artes Plásticas, curso específico para a expressão e a produção artística, para formação de artistas. Foi depois, já em Jataí, que dobrou para a educação, e suas atividades criadoras se ativeram às aulas e às curadorias que desenhou, tanto para o Museu Histórico Francisco Honório de Campos quanto para o Museu de Arte Contemporânea de Jataí. Nessa direção, seguiu criando e se desenvolvendo, sensível, imaginativa, poeticamente, em torno da arte educação.

Entretanto, considero que essa angústia deveria pulsar ainda mais intensamente em quem ensina. Como mediar processos pedagógicos sem intimidade com o fazer, o sentir, o conhecer arte? Como acender paixões sem estar inteiramente aceso, apaixonado?

Nessa direção, a artista plástica Shoko, uma mestra em escultura, ajuda-nos a pensar em perspectivas que nos possibilitem diminuir a distância entre o que se diz e o que se faz em Artes Visuais, por exemplo, de forma tal que, como apregoa Freire (2014), em um dado instante, a nossa fala será a nossa prática. Assim, mais que conhecimentos sobre cerâmica, Shoko proporciona aos seus aprendizes, conforme observou Moraes (2007, p. 36-38) em sua investigação doutoral, a oportunidade de viverem

> [...] experiências criadoras e pensares profundamente sobre o sentido da arte e da existência humana [...] em tempos de pasteurização desenfreada, como é o nosso, é muito raro vivermos experiências artísticas, estéticas e educativas propiciadas por um mestre. Entretanto, não se pode ser professor, tão pouco de arte, sem que se realize uma profunda reflexão a respeito da vida e da educação [...] Shoko trilhou um longo caminho no campo da cerâmica antes que se lançasse ao desafio de ensinar. Para compreendermos as bases em que o processo conduzido por ela se assentou é fundamental conhecermos um pouco mais de sua história e processo de formação artística. Entre inúmeras outras lições, ao compartilhar conosco as riquezas guardadas em seu armário de memórias, a mestre nos ensina que o sonho pode se realizar quando a convicção e a coragem se aliam à sensibilidade, imaginação e respeito pelo ser humano.

Como manter acesa a chama da criação em quem ensina a criar? E, se a deixou apagar, como reacendê-la? Há maneiras ou metodologias para reencontrar espaços e tempos para a criação artística?

Para Bachelard (2009, p. 2), parece que tudo isso seria mais simples se nos orientássemos pelos

> [...] bons métodos do psicólogo, que descreve aquilo que observa, mede níveis, classifica tipos – que vê nascer a imaginação nas crianças sem nunca, a bem dizer, examinar como ela morre na generalidade dos homens. Mas pode um filósofo

> tornar-se psicólogo? Pode dobrar o seu orgulho a ponto de se contentar com a verificação dos fatos quando já entrou, com todas as paixões requeridas, no reino dos valores? Um filósofo permanece, como se diz hoje em dia, "em situação filosófica", por vezes tem a pretensão de estar começando tudo; infelizmente, porém, ele está continuando... Leu tantos livros de filosofia! A pretexto de estudar, de ensinar, ele deformou tantos "sistemas"! Chegada a noite, quando já não está ensinando, ele se julga no direito de se fechar no sistema de sua escolha. E foi assim que escolhi a fenomenologia na esperança de reexaminar com um olhar novo as imagens fielmente amadas, tão solidamente fixadas na memória que já não sei se estou a recordar ou a imaginar quando as reencontro em meus devaneios.

Ensinar arte sem intimidade com seu fazer é um conflito antigo. Sou professor de Artes Visuais com mais de 20 anos de exercício docente e já ouvia nos corredores da faculdade, ainda quando cursava a Licenciatura em Artes Visuais, que *quem sabe faz e quem* não sabe ensina. Desse modo, quanto dessa afirmativa eu tomei para mim? Por que deixei de produzir minhas pinturas como fazia antes de ingressar na licenciatura? E, consequentemente, quantos professores se formaram e se formam ao som dessa assertiva? E o que ela tem feito com eles, com seus processos criativos?

Problematizar essa questão é uma tarefa de todos os envolvidos na formação de professores de Artes Visuais. Restaurar processos criativos é um desejo que necessita ser urgentemente saciado. Trilhar um longo caminho no campo da cerâmica antes de ensinar, como fez Shoko, torna-se um caminho possível para alimentar o sonho de uma educação de professores de arte consistente e reflexiva sobre a vida e a educação. Superando, dessa maneira, a compreensão de que a formação de professores de Artes Visuais, para a educação básica, seria apenas a formação de técnicos eficientes em metodologias de mediação e produção de imagens.

Não sei precisar os motivos pelos quais a maioria dos professores de Artes Visuais não mantém acesas suas chamas criativas, cultivando, concomitantemente, suas dimensões artísticas-pedagógicas-investigativas. Talvez os currículos oficiais que formam professores de Artes Visuais sejam um tópico especial para observar mais de perto, com atenção. Os que examinei em meu TCC, percebi que a cada revisão imposta por nova legislação ou resolução nacionais consideram muito mais as áreas teóricas e pedagógicas em detrimento das de expressão artística.

Em minha experiência de estudante, de futuro professor de Artes Visuais, que precisava dominar e respeitar a matéria-prima com que iria trabalhar, fui vendo ruir o ateliê de serralheria, de modelagem, de fotografia, de desenho. Justamente as cozinhas onde experimentaríamos materiais e criaríamos novos pratos para o cardápio; lugares de aprendizagens dos saberes sensíveis foram suprimidos dos currículos e da estrutura física do prédio onde eu estudava. O ateliê de pintura, o desejado desde a infância, passou de dois anos para seis meses apenas, e o dc serralheria foi transformado em uma galeria, destinada à tarefa louvável de expor arte contemporânea.

No contexto de desenho curricular, compreendo que cada um é uma escolha ínfima de um universo de saberes e fazeres e que, em toda escolha, há perdas e ganhos. No entanto, meu contexto formativo inicial sinalizava que meu perfil formativo havia tido uma dobra e a centralidade foi desviada do fazer, da manipulação e exploração de materiais e de possibilidades para a visualização e suas múltiplas possibilidades de interpretação e compreensão de imagens — e a cultura visual orientou os caminhos dessa transformação.

Essa dobra sinalizou que o pensamento racional, que Arte como conhecimento, sobretudo científico, investigado, testado, comprovado, havia chegado, também, na formação de professores de Artes Visuais de Goiás. Assim, inteiramente fragmentado, enfatizando o olhar, as salas de aula da Faculdade de Artes Visuais (UFG) foram bem decoradas com cortinas *blackout*, computadores e *datashow* de última geração, que juntos permitiriam a visualização mais detalhada das imagens.

Como cada um de nós, professores de Artes Visuais, poderá vencer a força conformativa dos currículos que estudamos e/ou a estrutura escolar onde trabalhamos para seguir criando, trilhando o nosso caminho artístico-pedagógico pessoal? E quando vencer essa força conformativa dos currículos que praticamos, ou como estudantes ou professores, é necessário?

Mesmo depois de inúmeras investigações ressaltando a intimidade artística como um dos principais alimentos para a transformação docente, muitos professores, ainda hoje, conduzem seus processos pedagógicos sem nenhuma experiência expressiva cultivada e bem nutrida. Em uma das pesquisas que tive contato, encontrei afirmações e considerações finais, segundo as quais é impossível falar de

> [...] um processo que não se viveu. Se hoje afirmo a necessidade de se sair em busca do próprio desenho, de se reencontrar [com as linguagens perdidas] na infância [por exemplo], esta

> afirmação se fundamenta em uma vivência intensa com o meu próprio processo expressivo, assim como trabalho junto a crianças e adultos. Acredito que "o homem rico é aquele que tem necessidade de uma totalidade de manifestações humanas de vida. O homem para quem sua própria realização existe como uma necessidade interior, como uma carência". O importante é que cada um possa reencontrar o seu próprio caminho expressivo: desenhar com as palavras, com a música, com as cores, com o gesto. E também se aventurar em outras linguagens, recriando seu espaço lúdico, afirmando-se como ser humano. Nesta busca não existe a possibilidade de indicar-se o caminho, mediante o fornecimento de mapas ou bússolas. Relatando minha experiência, não pretendo que sirva como um indicador. Pretendo apenas desvendar meu processo para esclarecer como nasceu em mim esta afirmação, que é fruto de um trabalho com o meu desenho e com o desenho de meus alunos; e também de um contato de quatro anos com professores em uma escola particular de educação infantil e ensino fundamental 1 (Albano, 2012, p. 80).

Esperançosa, Papel continuava em busca de seu desenho perdido. Uma busca constante, antiga, remontada à graduação, quando concluíra o curso, ainda cheia de indagações, como: o que era arte? Ao longo do tempo, quais filósofos e teóricos a definiram? E como a definiram? E quais são as experiências que transformam as pessoas em artistas?

Essa busca se efetivou no projeto de doutorado. O caminho percorrido para pensar o conceito de arte. No entanto, estava em processo, devaneando e às vésperas de inaugurar seu ateliê com outras artistas de Jataí, inclusive Maria Caixeta. A esperança de Papel era a de reencontrar seu caminho expressivo próprio. Sendo que, a partir de então, teria um tempo maior para retomar sua imaginação e ação criadora. Essa esperança individual era, ao mesmo tempo, minha e do contexto geral da formação de professores de Artes Visuais.

Dedicou seu doutorado em História, realizado na Faculdade de História (UFG), defendido em 2011, a investigar as relações entre arquivo, museu e contemporâneo. Para tanto, estudou, a partir da historicidade do Museu de Arte de Santa Catarina (Masc), o caminho teórico entre a obra de arte contemporânea e a dinâmica do sistema das artes, empreendida no interior dessa instituição. Verificou, do mesmo modo, a teoria da arte a partir das práticas teorizantes que, inseridas no contexto das instituições, definem o estatuto do que é ou não é arte (Pinto, 2011).

Apoiada em Didi-Huberman e em Freud, aproximou-se de uma leitura de imagens a partir dos fantasmas, das cicatrizes que cada um de nós carregamos. E, enquanto partilhava seu desejo de aproximação com o universo artístico, que o doutorado possibilitou, recordou-se de um objeto do acervo do Masc que a comoveu profundamente e lhe permitiu estabelecer produtivas relações consigo mesma e com a arte que professa.

Cicatrizes, de Paulo Gaiad (1953–2016), foi a obra lembrada. Consiste em um livro feito com capas de chumbo e o miolo de papel artesanal, envolvido, amarrado por um arame que, com o tempo, oxidou-se e marcou, desenhou as folhas de papel artesanal. Inteiramente emocionada, narrou sua experiência visual, questionando-se: o que significava o papel artesanal naquela obra? E, para ela, o que papel artesanal significava? O que é marca? O que é ser marcado? O que é identidade?

O livro de chumbo com folhas de papel artesanal devaneou e estabeleceu relações com a universalidade da obra de arte, pois, independentemente do que o artista tenha pensado em termos de cicatriz, aquelas eram as suas cicatrizes.

Cicatrizes impressionou e conduziu Papel a estados profundos de reflexão sobre a vida e a arte. A obra falava dela! Materializava uma de suas grandes paixões: o papel. Confessou que sempre fora apaixonada pelas tramas que compõem os papéis, especialmente as do papel artesanal. Igual a um espelho, *Cicatrizes* espelhou sua intimidade, fazendo com que se reconhecesse nela.

Sua narrativa transbordada de afetos me fez recordar as palavras sábias e poéticas de Adélia Prado (2009, minuto 8), as quais afirmam que os objetos artísticos nos comovem. E nos comovem porque mexem, não em nossos

> [...] pensamentos, mas em nossos afetos, naquilo que nós sentimos. E me oferece, toda obra me oferece um espelho. A obra é um espelho. Ela faz com que eu me reconheça nela, naquilo que estou vendo. Se você diante de um livro, de uma pintura, de um poema fala: meu Deus, como esse autor pôde tocar nisso? Eu achava que só eu sentia isso. Só eu sabia disso. Aí que está o nosso equívoco e é aí que está a universalidade da obra verdadeira. Qualquer obra feita na China, no Japão, no Canadá, no Brasil, verdadeira, ela tem o dom de espelhar a humanidade, aquilo que nos é comum. E nada mais comum em nós do que nosso desejo, nossos afetos. Queremos ser felizes e temos medo, temos compaixão, temos ódio, temos ira, temos bondade, todas as boas e más paixões que nos habitam. E esse é o material que faz uma

> obra de arte. Ela não é um pensamento filosófico, não. Ela expressa aquilo que nós sentimos, aquilo que é humano. E só por isso ela me alimenta, porque ela dá significação e sentido em minha vida.

Para Papel, o artista, ao usar o papel artesanal, toca em sua busca essencial, que é ser artista. Afirmando que sua arte ainda não aconteceu como desejou, porque dobrou-se para a educação, para contribuir com a formação inicial de professores pedagogos, indagava-se: o que é preciso possuir para se assumir artista e poder falar de afetos e desafetos, de esperanças e desesperanças? E se assumir professor de Artes Visuais artista, é possível?

E, como se assumiu uma guardadora de coisas, de histórias, essas viram marcas, suas marcas, e o papel é uma delas. Sua intimidade, sobretudo com o artesanal, surgiu durante sua graduação, em um curso de fabricação de papel artesanal que fez com o artista plástico e professor Rubens Matuck, nascido em São Paulo/SP, em 1952. Tendo se especializado em gravura, o papel era um elemento importante em seu processo criador. Disse que observar as tramas, as texturas de cada folha de papel era um hábito feliz, produtivo e nutritivo de outras criações.

Ao retornar de Goiânia para Jataí, Papel precisava de um ateliê específico para gravura, o qual, infelizmente, não possuía e nem era oferecido pela cidade. Talvez por essa razão tenha se dedicado mais às pesquisas com o papel artesanal, feito à mão, explorando as diversas possibilidades que a técnica permite, obtendo fibras naturais extraídas de plantas, como arroz, papiro, bananeira, ou reciclando materiais diversos, do que as pesquisas com gravuras, como vem fazendo nos dias de hoje, em 2024, depois que se aposentou da UFJ e investiu no seu ateliê denominado *Água Forte Ateliê*, o qual se tornou um ambiente de produção e de encontros.

E "lembrar-se de alguma coisa é, de imediato, lembrar-se de si" mesmo, assegura Ricoeur (2007, p. 23). Assim, recordando de *Cicatrizes*, Papel se recordou dela mesma, e nós nos recordamos de nós mesmos, de nossas cicatrizes, daquilo que nos amarraram e com o tempo oxidaram. E cheia de dúvidas, segurou próximo ao seu coração a casca da árvore, guardada para produzir arte, e me disse que talvez ela fosse a ideia principal de algo que ainda pretendia fazer. No entanto, deseja falar de marcas, de cicatrizes iguais às que o tempo e a água do riacho da fazenda Veredas desenharam na casca. O tempo como trama. A trama do papel como tempo. Um trançado plural que se desenvolve na história e na memória pessoal e social.

Aliás, o tempo é uma das preocupações recorrentes em sua vida e obra. Como exemplo, cito apenas duas de suas exposições realizadas no MAC de Jataí. A primeira, intitulada de *Compondo Espaço,* de 1996, em parceria com o fotógrafo Weimer Carvalho (1974–), e a segunda, em 2000, *Cinco formas de Expressão,* também uma coletiva. Nessas exposições, Papel apresentou uma série de pinturas em acrílico sobre tela com colagem de papel artesanal de fibras. Todas as pinturas dessas exposições foram inspiradas na arte rupestre da região do munícipio de Serranópolis, Goiás. Em especial, nos desenhos relacionados a uma possível medição do tempo pelos homens pré-históricos.

Figura 5 – Da série com papel reciclado

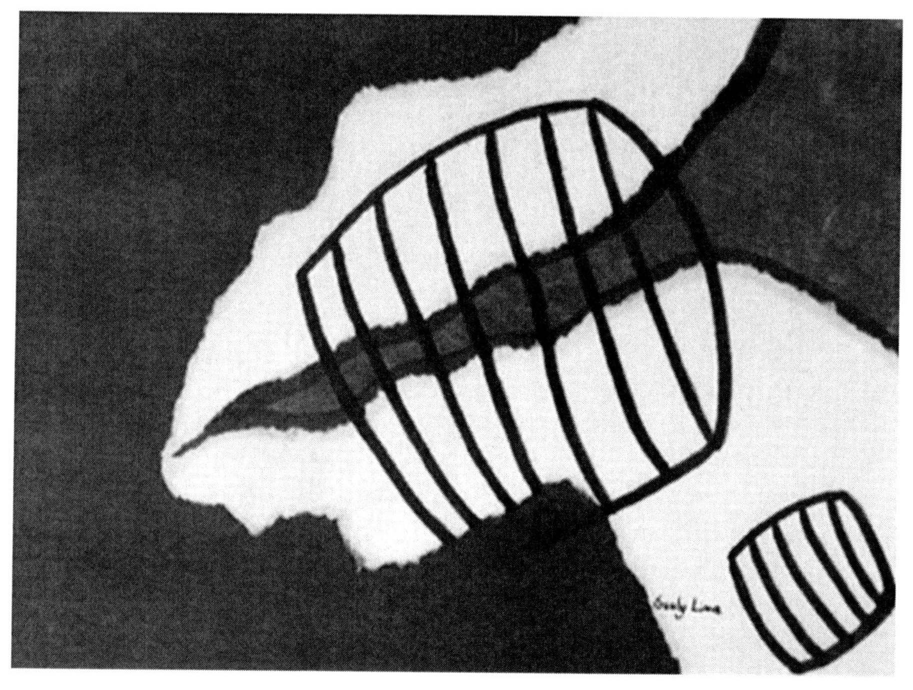

Fonte: acervo Papel (1996)

Figura 6 – Da série sobre a Arte Rupestre da região

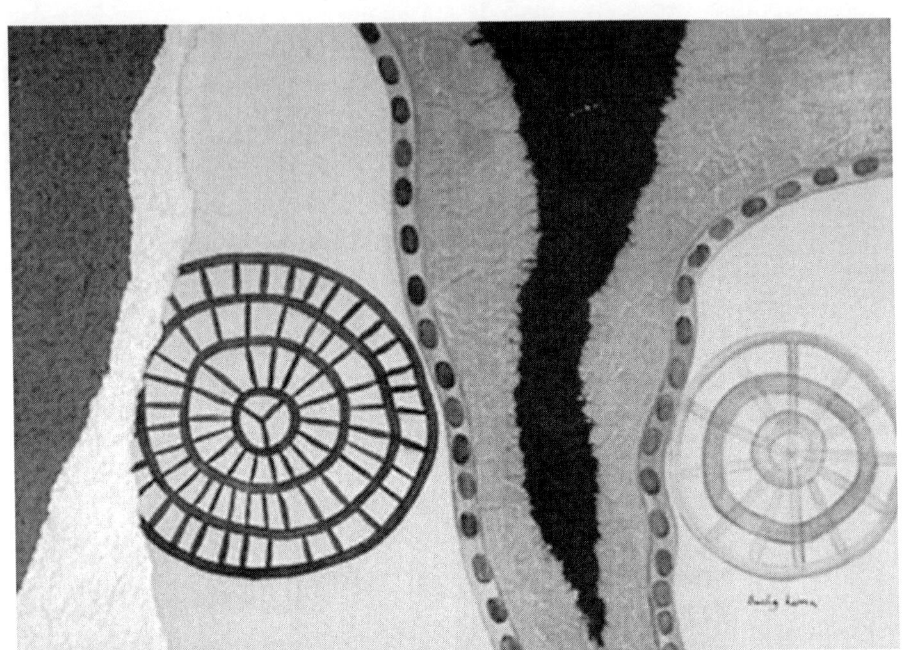

Fonte: Papel (2000). Acervo MAC de Jataí

Em certa medida, essas imagens, esses objetos biográficos indicam, ou melhor, contrariam a autopercepção de Papel, seu conflito antigo, a qual se considerava sem intimidade com o fazer artístico porque, nos anos que se dedicou à prática docente no curso de Pedagogia, não produziu artisticamente. Talvez, essa possível contradição possa nos indicar que um aprofundamento em nosso autoconhecimento nos permitiria revisões em nossas crenças e concepções de arte e de artista.

A professora Maria Caixeta carrega esse apelido desde criança. Disse-me que fora criado a partir das dezenas de caixas que colecionava para acondicionar suas coleções, seus guardados especiais. Um apelido afetuoso e dado a uma criança que brincou e, igualmente, entregou-se às suas solidões! Nos ensina Bachelard (2000, p. 35) que é "saudável que uma criança tenha suas horas de tédio, que conheça a dialética do brinquedo exagerado e dos tédios sem causa, do tédio puro". Isso se dá porque o tédio, a solidão e os devaneios vividos se unem, construindo uma casa onírica, muito mais duradoura que as lembranças dispersas da casa natal, da casa primordial, a casa da infância.

Maria Caixeta é licenciada em Educação Artística, com habilitação em Artes Plásticas, pela Universidade Federal de Uberlândia (UFU). Mais tarde, em 2002, especializou-se em Museologia, no Museu Antropológico da Universidade Federal de Goiás (UFG). Seu trabalho de conclusão foi intitulado "O ensino da arte: uma experiência museológica em Jataí".

A partir de minhas visitas em sua casa, seu museu, lembranças afloraram, vieram à tona, misturaram-se com as águas correntes de um rio, o rio das memórias que a tudo, quando narra, torna presente. E, consciente, revelou-me que colecionou sua vida inteira, que cresceu musealizando e que se deu conta de que era museóloga já adulta. Narrou, também, que Jataí de sua época de menina era uma cidade sem recurso algum, em especial para as práticas artísticas. Não se conseguia comprar, mais facilmente, uma caixa de lápis com 12 cores, grandes, pois o usual era com seis lápis daqueles pequenos que sumiam entre os dedos das mãos.

Waal (2011, p. 56-59, grifos do autor), nesse sentido, elucida que quando se segura um objeto entre os dedos das mãos, ele se revela, porque o

> O tato lhe diz o que você precisa saber: ele diz algo a respeito de você [...] "Aqui, em se tratando de polidez, delicadeza, melifluidade por assim dizer, das coisas perfeitas que alguém tem nas mãos: um aforismo. O tato é o sinal pelo qual o dilettante reconhece a si mesmo. Quem manuseia um objeto com dedos indiferentes, com *deselegância* nos dedos, dedos que não envolve amorosamente, é um homem que não é apaixonado por arte" [...] Tato apaixonado, descoberta das mãos, coisas envolvidas amorosamente [...] a coleção lembra seu caso de amor, sua própria história secreta do tato.

O que tinha e alimentou sua imaginação, desenvolveu sua elegância com os dedos, deixou seu tato apaixonado, envolvendo amorosamente as coisas, fora uma tesoura, revistas e jornais velhos e caixetas de todo tamanho, espécie e forma. Recortava figuras de crianças e as guardava na caixa de crianças; as de adultos, na de adultos; as mulheres mais bonitas, os rapazes mais bonitos; as paisagens; os objetos: era interessada em recortar objetos, nomeadamente os diferentes; e assim por diante.

Colecionava também tampinhas, bonecas, moedas, sucatas. As guardava em suas caixas que não eram enumeradas e nem intituladas, mas sabia qual era a caixa das tampinhas, das moedas, das figuras, das bonecas, dos lápis para colorir. Eram coleções dentro de coleções. Mundos atravessando mundos e compondo mundos.

Por causa dos parcos recursos financeiros e materiais, aprendera a produzir seu próprio material muito cedo, criança ainda. Uma de suas brincadeiras especiais consistia em criar seus materiais artísticos: olhava para os tons das folhas e desejava possuir aquele mesmo tom! Por isso, aprendeu a fazer tintas e giz de cera, feito de velas derretidas e depois coloridas com tinta xadrez, modelando-os em qualquer recipiente, principalmente em caixas de fósforos. Para pintar, aproveitava os retalhos que sua mãe não usaria mais em suas costuras, passando uma tinta branca e pintando em cima. Será o que pintava a menina Maria Caixeta?

Aprendeu, igualmente, a costurar muito cedo: menina, já manuseava bem a máquina de costura. Contudo, sua mãe não queria que ela mexesse em sua máquina para que não a estragasse ou para que não se machucasse. E mais, não queria que ela costurasse. Sempre dizia que precisava era estudar para não ser mais uma costureira na família. Até que poderia costurar, mas que não fosse sua profissão. Maria Caixeta silenciou um pouco, respirou profundamente e disse que crescera ouvindo sua mãe lhe falar isso, mostrando uma peça de roupa, de adulto, que ela própria havia feito quando tinha 8 anos de idade.

Maria Caixeta descende de uma linhagem de costureiras. Suas avós e sua mãe eram costureiras e costuravam muito bem, principalmente o linho. Pelo que recordou, sua avó paterna costurava somente roupas masculinas: calças, *blazers*, paletós de terno; e sua avó materna gostava de costurar mais para mulheres. Ambas costuraram nas máquinas de manivela manipuladas com as mãos. Já sua mãe, mais moderna, começou costurando em uma máquina manipulada pelos pés.

Profissionalmente falando, Maria Caixeta não deu continuidade ao ofício de costureira que, em sua família, era uma tradição feminina. Entretanto, guardou objetos de status desse universo, carregados de histórias e memórias, que os transformaram em objetos *biográficos* porque envelheceram com ela. Um tesoura, um dedal, uma caixa e uma máquina *Singer*, presente de seu pai para sua mãe, de quando se casaram, são exemplos preciosos desse museu.

Sorridente, revelou que nessa máquina *Singer* costura suas blusas até os dias de hoje. Revelou também que cresceu costurando porque é raro encontrar uma roupa que lhe agrade. Geralmente não gosta ou da estampa, ou do tecido, ou da cor. Tem o seu jeito pessoal de se vestir. Gosta de estampas diferentes, de animais, como onça e zebra, que agora estão na moda, mas sua vida inteira gostou de se vestir com roupas estampadas de animal. Comentou, um tanto orgulhosa, que uma colega de trabalho havia falado que se ela vestisse uma roupa com estampas iguais às dela, de animais, ficaria vulgar, todavia, ela, Maria Caixeta, veste e não fica; é seu jeito, seu estilo.

Emocionada, disse que comprou a casa que era dos seus pais amados. As tantas lembranças queridas das inúmeras experiências vividas, o grupo de hábitos orgânicos adquiridos em sua casa natal e a localização a fizeram comprar a parte de seus irmãos; visto que os valores de intimidade estão dispersos na casa natal, bem como os centros de tédio, de solidão, de devaneios se juntam para construírem a casa onírica, dos sonhos, integradora dos pensamentos e das lembranças. Assim, para Bachelard (2000, p. 32-33), tudo o que ele diz sobre sua casa da infância é o que precisa para se colocar em situação de onirismo, para se situar

> [...] no limiar de um devaneio em que vou *repousar* no meu passado [...] e a casa da lembrança torna-se psicologicamente complexa. A seus abrigos de solidão associam-se o quarto, a sala onde reinaram os seres dominantes. A casa natal é uma casa habitada. Os valores de intimidade aí se dispersam, estabilizam-se mal, sofrem dialéticas. Quantas narrativas de infância [...] nos diria que a criança, por falta de seu próprio quarto, vai amuar-se no seu canto! Mas, para além das lembranças, a casa natal está fisicamente inserida em nós. Ela é um grupo de hábitos orgânicos. Após vinte anos, apesar de todas as escadas anônimas, redescobriríamos os reflexos da "primeira escada", não tropeçaríamos num degrau um pouco alto. Todo ser da casa se desdobraria, fiel ao nosso ser. Empurraríamos com o mesmo gesto a porta que range, iríamos sem luz ao sótão distante. O menor dos trincos ficou em nossas mãos. As sucessivas casas em que moramos mais tarde sem dúvida banalizam os nossos gestos. Mas, se voltarmos à velha casa depois de décadas de odisséia, ficaremos muito surpresos de que gestos mais delicados, os gestos iniciais, subitamente estejam vivos, ainda perfeitos. Em suma, a casa natal gravou em nós a hierarquia das diversas funções de habitar. Somos o diagrama das funções de habitar aquela casa; e todas as outras não passam de variações de um tema fundamental. A palavra hábito está demasiado desgastada para exprimir essa ligação apaixonada entre o nosso corpo que não esquece a casa inolvidável.

Com quais gestos delicados, iniciais, ainda vivos Maria Caixeta se surpreendeu ao voltar à sua velha casa?

Sempre sentada em sua rede cadeira, que dançava para lá e para cá enquanto se entregava à narratividade, evocando seus valores de intimidade,

Maria Caixeta partilhou que a casa de sua mãe era muito bem decorada. Muito vermelho no sofá, nos utensílios, em alguma parede. Entretanto, gostavam de coisas bem diferentes uma da outra: sua mãe gostava dos mais modernos, enquanto ela, por exemplo, adora os objetos mais antigos, com memórias e histórias para narrar.

À época da entrevista, já haviam feito algumas adaptações na estrutura da casa, faltava apenas pintar as paredes, mas como não gosta de casa pelada, as paredes-caixas já haviam sido criadas. Sua casa estava em processo. Ela não conseguiu habitar sua nova casa sem seus objetos especiais. Assim, quando a visitei, sua casa já estava toda enfeitada, decorada de sonhos, de memórias, de histórias.

Apontou uma parede e disse que nela será erguido um jardim vertical para homenagear sua mãe e seu pai. Ela será revestida com pedras e tijolos, bem rústica, para receber as mudinhas que plantou em copos de bambu, resgatando algumas plantas de que gostavam. E, para viver momentos de êxtase, de contemplação, de comunicação, colocará um banco para tornar o cantinho ainda mais especial, único, pois os cantos que compõem "a nossa vida não são iguais. Nem os espaços que habitamos", ressalta Bernardes (2015, p. 78). Para a autora, existem cantos "com formato de casa, de concha, de armários, caixas, caixinhas, gavetas [e] estão aí para acolherem as nossas intimidades, as nossas diferenças, as incertezas, o silêncio e o não saber de cada um de nós" (Bernardes, 2015, p. 78).

A experiência com as caixas na infância fez de sua casa, na vida adulta, um lugar cheio de paredes-caixas, nas quais seus objetos especiais, transbordados de afeto, estão guardados. Ou melhor, suas experiências com as caixas, na infância, fizeram de sua casa, na vida adulta, uma casa-caixa afetiva por excelência, onde seus objetos biográficos, suas memórias e histórias estão guardados e protegidos.

Para Maria Caixeta tudo pode virar uma coleção. Quando um objeto lhe chama atenção, não lhe basta um apenas, quando percebe, está com três, quatro. Ou seja, iniciando uma coleção nova. *"Veja: aqui tem um cantinho bem especial!"*, apontou e depois me guiou alegremente por sua casa, seu museu, apresentando suas paredes-caixas revestidas de afetos.

Até chegar à parede-caixa onde guarda os artesanatos que trouxe da Cidade de Goiás/GO, confessou que não se importa muito com carro ou casa chique. O que gosta, prefere mesmo, é comer de maneira saudável, ler e viajar. E, em suas viagens, seu interesse é conhecer a cultura da cidade visitada através do museu, do cemitério, da feira, do mercado central. E levar para sua casa algum objeto dos lugares visitados, para relembrar o vivido, é um hábito, uma necessidade. Hábito muito parecido com o da professora Acordeão.

Dessa parede-caixa, há outra, *na entradinha de sua casa*, repleta de máscaras da África, da Indonésia e do Brasil. E as que representam a raça negra são as de que mais gosta. Outra, nela abriga sua coleção de pássaros e peixes entalhados na madeira. Para esses guardados especiais, escolheu uma parede da varanda, próxima da pia do lavabo, próxima da água. Ali, simbolicamente, estariam alimentados, nutridos, vivos, imaginei!

Figura 7 – Parede-caixa: máscaras

Fonte: acervo pessoal (2012)

Mais uma parede-caixa que acolhe e protege, com carinho, uma infinidade de objetos plurais ganhados ao longo de sua vida. Em especial, talvez pelo nosso vínculo comum com a educação, mostrou dois presentes ganhados de estudantes seus. Um de um garotinho que viajou com os pais para Fortaleza/CE e trouxe uma flor que um senhor artesão fizera na praia. Exclamando, ela disse: *"Pensa, Henrique, ser presenteada com essa flor! Ele, um pré-adolescente, a achou interessante e trouxe com todo carinho e cuidado para evitar que amassasse. Isso vale ouro!"*. Depois, apontou para uma cabaça pintada por uma estudante que a presenteou porque achou que era a sua cara, segundo disse a aluna, ao entregar o presente.

Para Maria Caixeta, essas ações, esses gestos carinhosos, são prazerosos demais e, toda vez que vê esses presentes, sente imensa alegria imensa de ser educadora de Artes Visuais. Assim, foi transformando sua casa, seu museu, em um ateliê-escola-estimulador, enfeitada, cheia de estímulos visuais, de pinturas dela e de outros artistas, de Jataí e de outras cidades.

Entre os anos de 1996 e 1998, em sua casa-museu-ateliê-escola e sob suas orientações, experimentei, pela primeira vez, a pintura a óleo — a realização de um sonho antigo: ser um pintor! Portanto, uma imagem fielmente amada. Lembro-me muito bem de chegar para a minha primeira aula com a tela em branco, alguns pincéis e tubos de tintas à óleo, as três cores primárias mais a branca e a preta, pois, a partir delas, teria os tons que desejasse ou imaginasse.

Mas o que pintar? Como pintar? Como preparar a tela e as tintas para concretizar minhas ideias e percepções? Era preciso primeiro esboçar à lápis minhas ideias e percepções? Havia uma maneira mais adequada de segurar os pinceis para executar meu planejamento? Enfim, uma infinidade de emoções e questionamentos tomavam conta de mim e me faziam feliz!

A experiência de iniciar uma pintura foi um desafio: ampliou-me os sentidos; fez-me voltar no tempo de criança e relembrar as pinturas-exercícios da tia Neusa que adornavam as paredes de minha casa, bem como de outras que via no MAC de Jataí. Nesse instante de tempo, de alguns segundos apenas, recheado de memórias afetivas e entrecortado pela fala orientadora da Maria Caixeta, decidi que pintaria uma paisagem urbana colonial inventada, ainda presente na cidade e em meu imaginário.

Figura 8 – Paisagem inventada

Fonte: acervo pessoal (1996)

Encantado, atravessei minha primeira experiência de enfrentar o branco infinito da tela e, orgulhoso, iniciei-me no processo de criar e de partilhar o criado, mostrando a pintura aos familiares, amigos e colegas de trabalho. Talvez como um incentivo da Vida, ao apresentá-la, tive a grata oportunidade de vendê-la, e com o dinheiro obtido pude investir em meu desenvolvimento pessoal. Assim, comprei outras duas telas, outros tubos de tintas, os tons secundários e um cavalete para continuar desenvolvendo meu ofício, meu sonho de ser pintor.

As figuras de número 9, 10, 11 e 12 apresentam e documentam parte do processo de me tornar um pintor.

Figura 9 – A natureza humana

Fonte: acervo pessoal (1997)

Figura 10 – O que te alimenta a alma?

Fonte: acervo pessoal (1998)

Figura 11 – A primavera chegou

Fonte: acervo pessoal (1999)

Figura 12 – O que nos liberta?

Fonte: acervo pessoal (1999)

Foi durante essas aulas de pintura que ouvi falar na profissão de professor de Arte, a Educação Artística, à época, pela primeira vez. Ao saber dessa profissão, um mundo novo se descortinou para mim, tornando a possibilidade de me sustentar a partir do trabalho com a arte. Assim o fiz, e esta narrativa representa a realização de um longo processo transformativo.

Talvez Maria Caixeta tenha comprado a casa de seus pais movida pelo desejo de permanência, de vencer a finitude do tempo, de durar e perdurar para, no presente, condensar o que passou e o que virá. Talvez para superar a angústia da finitude do tempo é que guarda uma porção de objetos de valor afetivo inestimável. Sempre respeitosa à sua ancestralidade: do seu bisavô, guardou uma bengala; de sua avó, uma peneira, que depois foi de sua mãe e agora dela. Do seu pai, guardou o chapéu e os óculos.

Tristonha, disse que era bem mais nova quando sua irmã falecera enquanto estava grávida, de seu segundo filho, devido a um enfarte fulminante. Foi muito triste! Ela era muito cuidadosa, muito chique e possuía alguns lencinhos de linho e de cambraia de linho pintados ou bordados à mão, que levava dentro de sua bolsa para limpar os óculos ou enxugar uma lágrima. Maria Caixeta confessou que estão guardados, guardadinhos para serem olhados com carinho. Como não são usados, às vezes, quando a saudade aperta, ela os lava e passa para que não amarelem.

Figura 13 – Os lenços de cambraia de linho

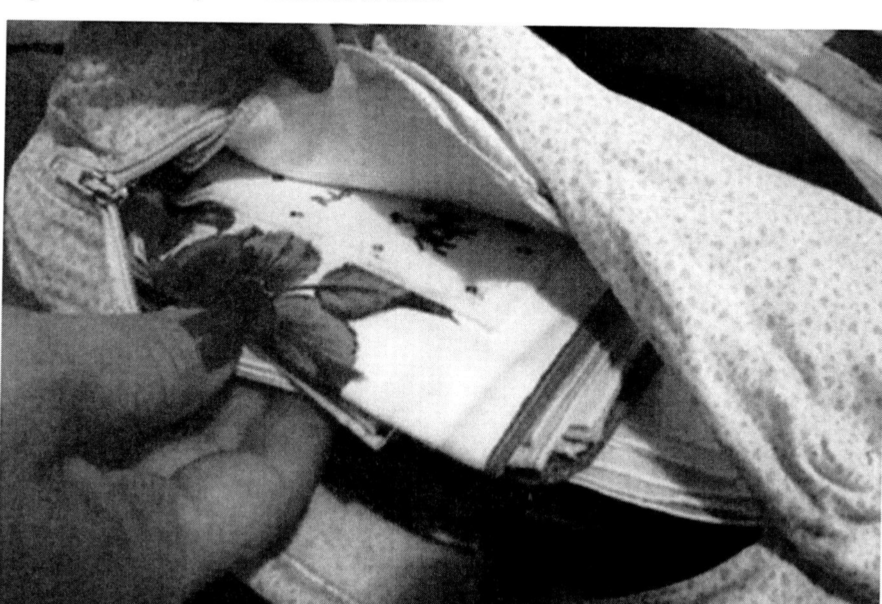

Fonte: acervo pessoal (2012)

Ao tocar na finitude do tempo, na passagem do tempo por meio dos objetos de seus entes queridos que faleceram, tocou no tema da morte, tramando-o em sua narrativa e em minha narrativa doutoral. E, ao tocar na morte, tocou igualmente na vida, pois a consciência da morte nos impulsiona à vida. A morte nos impõe a vida como um valor. Para Mosé (2012, p. 21-22), tudo aponta para que a consciência da morte tenha sido a primeira manifestação da consciência humana, pois quando teve a

> [...] certeza da morte, o homem se deparou com a vida, em seu processo de renovação que traz sempre a exigência da morte; vida que nunca deixa de criar, mas sempre destrói tudo o que gera. A percepção da morte, a percepção da vida, como um ponto de vista, fez nascer o indivíduo no humano, o que o

> tornou distinto do conjunto da espécie. O indivíduo nasce da consciência de si. O homem é o ser que, a partir de si, avalia [...] as outras espécies conhecem a morte e a evitam – a morte como ameaça, um perigo –, mas o fazem de forma instintiva; o que parece nascer com o *Homo neanderthalensis* e se evidencia no *Homo sapiens* é a consciência individual da morte como um destino inexorável, como futuro [...] a consciência da morte, a consciência de si, e a construção de mecanismos que busquem vencer a morte – mitos, ferramentas, religião, ciência – ou que estimulam a vida como a arte vão marcar o processo de humanização desse animal incessante.

Dialeticamente, ao tocar na consciência da morte, tocou na consciência da vida, na consciência de si e, consequentemente, na histórica e extensa produção humana de mecanismos que buscam superar a morte, bem como estimular a vida, a consciência de si, como as narrativas de vida e as narrativas artísticas. Dessa maneira, Alves (2002), assegura que a consciência da morte nos dá uma maravilhosa lucidez e que, conforme D. Juan, o bruxo do livro de Carlos Castañeda, *Viagem a Ixtlan*, advertia seu discípulo:

> "Essa bem pode ser a sua última batalha na terra". Sim, bem pode ser. Somente os tolos pensam de outra forma. E se ela pode ser a última batalha [seja] uma batalha que valha a pena. E, com isso, nos libertamos de uma infinidade de coisas tolas e mesquinhas que permitimos se aninhem em nossos pensamentos e coração. Resta então a pergunta: "O que é essencial?" [...] O fato é que, sem que o saibamos, todos nós estamos enfermos de morte e é preciso viver a vida com sabedoria para que ela, a vida, não seja estragada pela loucura que nos cerca (Alves, 2002, p. 11-12).

Assim, o que é essencial, já que estamos todos enfermos de morte? Como viver a vida com mais sabedoria do que já vivemos? Para mim, as narrativas, em especial as de vida, são instantes provisórios em que desenhamos a nós mesmos e nos aproximamos do que realmente é essencial para cada um. E, para que se corporifiquem, as narrativas resgatam encontros, afetos, cheiros, sabores, cores, texturas dos caminhos que andamos, que nos forjaram e se constituem em preciosos exercícios de autocompreensão, de construção e de desconstrução das imagens, dos sentidos que guardamos de nós mesmos. E os resgates, os reencontros com o vivido nos potencializam, nos dão uma maravilhosa lucidez para o que estamos fazendo agora e alimentam sonhos, desejos, projetos.

PARA FINALIZAR NOSSA TRAVESSIA: AS EXPERIÊNCIAS QUE ME TRANSFORMARAM EM UM PROFESSOR DE ARTE DOUTOR EM EDUCAÇÃO

Quais experiências transformam uma pessoa em um professor? Os objetos que habitam suas casas colaboram nesse processo transformador? Se sim, de que maneira essa transformação pode ocorrer? Essas foram as questões iniciais motivadoras do processo transformador que vivi. Minha caminhada investigativa se fez importante porque permitiu responder a essas e outras indagações especiais, oportunizando-me conhecer mais profundamente o legado de minha profissão, deixado por aqueles que me antecederam a caminhada, fazendo-me orgulhoso de ser o que sou: um professor de Artes Visuais.

No caminhar, compreendi a importância e a necessidade de jamais deixar morrer o ofício de ensinar Artes Visuais. Principalmente porque é um dos poucos ofícios que, em plena atividade, retomam o tempo das pinturas das cavernas, como enaltece Saunders (1986). Precisamos continuar o ofício resistindo às demandas e às mudanças estruturais e culturais dos tempos, dos espaços e das relações de agora.

Ao observar as experiências que transformaram as três professoras-narradoras de Jataí nas professoras que são, percebi-as movidas por interesses comuns, relacionados à ação humana de musealizar. Assim, almejavam tanto construir um museu pessoal quanto preservar os museus da cidade, que também são pessoais, visto que colaboraram em suas instalações iniciais e em seus primeiros anos de vida, inclusive expondo suas produções.

Os museus de arte e as escolas são parceiros antigos. Juntos, produzem, partilham, guardam, preservam elementos plurais da cultura humana, tanto internacional como regional e localmente. Especialmente os professores de Artes Visuais alimentam-se neles e, via de regra, tramam suas propostas educativas a partir das imagens que os espaços museológicos apresentam e oficializam como arte. No entanto, as ruas, os parques, as casas, as igrejas, os hipermercados também oferecem possibilidades de aprendizagens estéticas e artísticas ao promoverem experiências visuais.

Nossas casas como museus guardam, abrigam objetos plurais. Nelas, assim como nos museus, os itinerários afetivos anunciam crônicas familiares, experiências transformativas e culturais que colaboram na produção de quem somos e no que acreditamos. E, para cada itinerário desenhado, alguns dos muitos objetos *biográficos* entram em cena e nos ajudam a narrar o vivido.

Guiado, como que em uma ação educativa de museu, caminhei pelos itinerários sensíveis e poéticos que as professoras-narradoras espontaneamente desenharam e descobri, mediado pela cultura material apreciada e dialogada, questões importantes e ainda não resolvidas para mim e para a educação de professores de Artes Visuais, como, por exemplo, o perfil profissional polivalente versus o especialista, suscitado pela professora Acordeão; o enrijecimento das práticas artísticas em detrimento das práticas pedagógicas, problematizado pela professora Papel; e a existência da morte como pulsão de vida, como oportunidade de transformar nossa vida em uma obra de arte, refletido pela professora Maria Caixeta.

Ou seja, estivemos juntos e pudemos falar de nós mesmos para nós mesmos, lembrando, chorando, sorrindo, narrando e, agora, reescrevendo. Quebrar nosso isolamento, por meio da investigação que resultou nesta narrativa, foi "um bem em si, e talvez o maior dos bens" (Bosi, 2003, p. 180).

Pelo menos para mim, fez um bem enorme ter alimentado meu processo transformativo, com as narrativas das professoras-narradoras de Campinas, São Paulo, e de Jataí, Goiás. Mediado por suas lembranças e equipado pela escuta atenta e sensível, desenvolvida ao longo da produção dos dados da investigação, pude, da mesma forma, relembrar e tramar meu pessoal ao profissional, minha vida doméstica à pública, experiência essencial para o enraizamento em qualquer canto do mundo. Para Weil (1996), o enraizamento talvez seja a necessidade mais importante e mais desconhecida da alma humana. E, por sua vez, uma das mais difíceis de definir.

> O ser humano tem sua raiz por sua participação real, ativa e natural na existência de uma coletividade que conserva vivos certos tesouros do passado e certos pressentimentos do futuro. Participação natural, isto é, que vem automaticamente do lugar, do nascimento, da profissão, do ambiente. Cada ser humano precisa ter múltiplas raízes. Precisa receber quase a totalidade de sua vida moral, intelectual, espiritual, por intermédio dos meios de que faz parte naturalmente (Weil, 1996, p. 411).

Encaminhando para o desfecho, agradeço a liberdade que tive de ter decidido pelas narrativas como metodologia, como produção dos dados e como gênero textual da investigação que resultou nesta narrativa, neste livro.

E nesse contexto, as miniaturas de sentido relacionadas ao acordeão e aos utensílios que a professora Acordeão guarda em sua casa, para a construção de seu museu particular, suscitaram memórias e histórias que se desdobraram em reflexões sobre a polivalência e suas implicações singulares e profissionais na formação de professores de Artes Visuais nos dias de hoje. Da experiência com o acordeão, eu aprendi muitas coisas importantes sobre a história da educação das Artes Visuais, sobre currículo e práticas pedagógicas e, em especial, despertou um desejo de me aventurar pelo universo da Música e me enriquecer.

Assim como as miniaturas relacionadas ao papel artesanal na obra *Cicatrizes* e à casca de árvore desenhada pelo tempo e encontrada na fazenda *Veredas*, apresentadas pela professora-narradora Papel, problematizaram o conflito existencial entre ser professor e ser artista, mais especificamente sobre a recuperação do ser poético. Em especial, suscitou em mim incursões poéticas e perceptivas sobre os desenhos que o tempo e as águas das chuvas têm desenhado nas cascas das árvores por onde tenho caminhado. Ou seja, ampliou meu olhar, minhas capacidades de representar o visto e minhas concepções de arte, de artista.

Por sorte, os objetos biográficos que compuseram as paredes-caixas de Maria Caixeta me conectaram com o tema da morte, tão importante e vital aos estudos de intimidade, de desenhos de si, de formação de professores, dotando-me de uma maravilhosa lucidez. A consciência da morte é, portanto, o nascimento do indivíduo. E se essa for a última batalha na terra, que valha a pena, conforme advertia D. Juan a seu discípulo. Desse modo, que eu encontre o essencial em mim mesmo e que me recorde sempre: estou enfermo de morte; então, é preciso saber viver a vida, sobretudo com erotismo, força motriz que nos ajuda a transgredir distâncias, aproximar corpos, suspender lógicas, conceitos, linguagens, artes e nos transformar.

As miniaturas de sentido sinalizam que os currículos oficiais ou ocultos (Silva, 2011) devem ser muito mais considerados do que são. Elas sugerem que nos aproximemos dos processos educativos experimentados nos interiores de nossas casas, que investiguemos mais o que ocorre no instante educativo informal, que nos marca indelevelmente, que nem as lições apregoadas pelas licenciaturas apagam. Não são desenhos desenhados na areia e que, por qualquer vento, desfazem-se. Pelo contrário, modelam saberes e fazeres, gostos estéticos, éticos e pedagógicos que nos diferenciam, nos singularizam, nos particularizam.

Dialeticamente, são nossas marcas, aquilo que nos definem em um tempo sem definições, um o tempo líquido, instantâneo e provisório como o de agora. Esse jogo de opostos, esse conflito, essa contradição é "nossa maior riqueza", porque, erotizados, poderemos nos permitir renovações constantes, inclusive "usando borboletas", conforme Barros (2010, p. 374). Nesse sentido, Mosé (2012, p. 36-37) afirma que o erotismo é, por assim dizer, o gesto de experimentação dos

> [...] limites, gesto que, muito mais do que uma escolha, é uma exigência necessária à continuidade dos próprios limites [...] O erotismo é, ao mesmo tempo, a experimentação e a rejeição da condição humana, é o seu desejo de ultrapassamento [...] O erotismo é uma atividade propriamente humana, exige uma experiência interior, exige consciência, ao mesmo tempo, é a parte do humano que mais proximidade tem com a animalidade, é o retorno ao excesso primordial que precisou ser negado para que a consciência existisse; uma tensão entre natureza e cultura é o erotismo. O que o erotismo instaura em nossas vidas é uma possível continuidade com os outros seres humanos, com a natureza, rompendo o isolamento a que cada um, como indivíduo, está fadado [...] Entre um ser e outro ser há um abismo, na impossibilidade de romper este abismo, buscamos senti-lo de perto, a partir da tentativa de retomar essa continuidade perdida [...] Mas não é somente a sexualidade que produz erotismo. O amor também é erótico, mesmo quando não acontece a fusão dos corpos, porque nos oferece a substituição do isolamento e da solidão, por meio de uma maravilhosa continuidade afetiva, moral entre dois seres. Mas também pode ser erótica nossa relação com a poesia, a música, o teatro, as artes em geral, na medida em que permitem a suspenção das regras, o delírio das formas e da imaginação. O que marca o erotismo é a relação do homem com a vida, é a possibilidade de o homem viver a vida sem limites, mesmo que isso somente possa durar alguns segundos, como um orgasmo. O erotismo nos leva a colocar nosso ser em questão. Nosso ser e nossa humanidade, estruturada como limite, como forma, colocar este ser em questão é experimentar o ilimitado; como atividade humana é o enfrentamento da angústia [da morte] que tem aqui o sentido positivo de desejo de ampliação de si e de aquisições de contornos mais amplos.

Embora os campos da educação formal, informal e não formal sejam singulares e compreendidos em seus universos específicos, a educação informal, "de modo conciso, abrange todas as possibilidades educativas no decurso da vida do indivíduo, constituindo um processo permanente e não organizado" (Afonso, 1989, p. 78). E, inseridas nesse universo, as casas como museus abrigam em seus interiores objetos especiais transbordados de afetos que nos ajudam a viver, a significar a vida.

E as aprendizagens informais, porquanto abrangem possibilidades educativas no decurso de nossas vidas, tornam-se o nosso diferencial, a nossa marca profissional pessoal, aquilo que nos singulariza, nos diferencia, porque os currículos oficiais e praticados nas licenciaturas nos uniformizam, nos rotulam.

Por mais que a experiência de me transformar professor de Artes Visuais doutor em Educação tenha sido rica, pulsante, potente, suas cores, formas e composição ainda continuam versando sobre o transformar-se humano, sobre transformar-se um professor como processos infindáveis, incompletos e renováveis. Estamos vivos, tomando consciência de nós mesmos e do que nos cerca, criando conexões, pensando emoções, sentindo conceitos. E, nesse sentido, Bachelard (2009, p. 205) nos alerta que é de bom tom, de bom método, principalmente quando se termina um livro,

> [...] reportar-se às esperanças que se nutriam ao começá-lo, vejo que mantive todos os meus devaneios nas facilidades da *anima*. Escrito que foi em *anima*. Entretanto, para que não se diga que a *anima* é o ser de toda nossa vida, gostaríamos ainda de escrever um outro livro, que, desta vez, seria a obra de um *animus*.

Percebo que também me mantive fiel aos meus sonhos, devaneios e objetivos que me trouxe até aqui. E, mais empoderado, compreendendo melhor os efeitos colonizadores sobre nossas identidades e subjetividades, quem sabe eu não saia, assim como o Sr. José, de *Todos os Nomes*, em busca das histórias que os objetos *biográficos* que habitam as casas de professores de Artes Visuais não-binários, transgêneros, bissexuais, por exemplo, para continuar enriquecendo e complexificando minha coleção de miniaturas de sentido, minha compreensão sobre a transformação de professores e sobre as Artes Visuais na Educação.

Nesse instante final, ponho-me a indagar: serão histórias relacionadas a quais dimensões de suas vidas? Qual universo afetivo pessoal e profissional os objetos *biográficos* que habitam suas casas me apresentarão? Serão diferentes do universo feminino cisgênero investigado? Por que habitam suas casas, seus museus? Seria por uma necessidade utilitária apenas ou estão ali como resultado da escolha de outrem? Serão memórias e histórias que me consentirão colocar em jogo, transitar entre presente, passado e futuro?

Como a vida, esta tessitura também é incompleta. Há, ainda, muito o que lembrar para narrar. Há, ainda, muitos fios à espera do trançar, do tramar outros desenhos, da produção de outras toalhas de mesa, de cama, de banho, como sugere a pintura da tia Neusa, com a qual iniciei a narrativa. Então, imagino que muito mais que um ponto final, concluo esta narrativa com reticências, pois continuo incompleto e aberto às experiências singularizantes. E, como arremate final deste ciclo importante de minha vida, encerro apresentando outras pinturas da tia Neusa, que também compõem sua série *Trançados*, porque me alimentam os sonhos e me inspiram a continuar a caminhada desenhando outras paisagens...

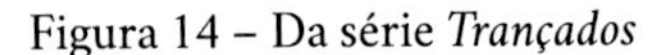

Figura 14 – Da série *Trançados*

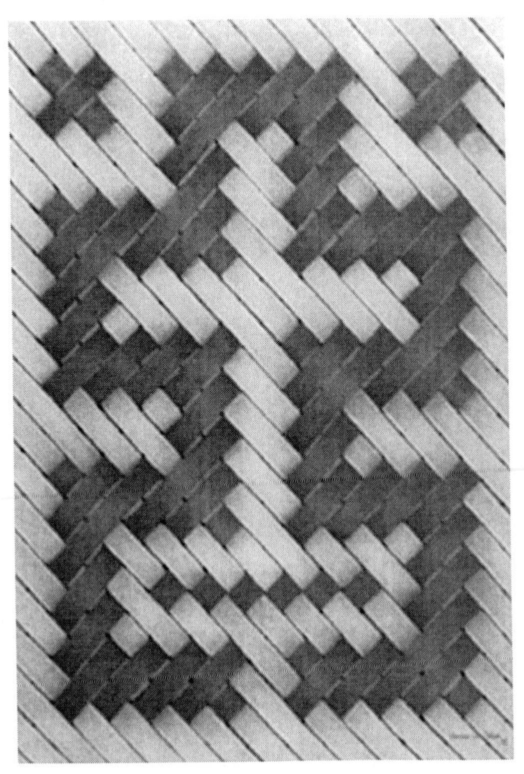

Fonte: acervo Neusa da Silva (1980, data aproximada)

Figura 15 – Da série *Trançados*

Fonte: acervo Neusa da Silva (1980, data aproximada)

REFERÊNCIAS

ADÉLIA Prado no Sempre um Papo - 2008. [*S. l.: s. n.*], 2009. 1 vídeo (40 min). Publicado pelo canal Sempre um Papo – Ano 37. Disponível em: https://www.youtube.com/watch?v=sisSlTXY6bM. Acesso em: 12 mar. 2024.

ADERNE, Lais. Pinturas. *In:* Casa Thomas Jefferson. **Folder da exposição da artista Neusa Silva**. Brasília: Casa Thomas Jefferson, 2005.

AFONSO, Almerindo J. Sociologia da educação não formal: reactualizar um objeto ou construir uma nova problemática? In: ESTEVES, Antonio Joaquim; STOER, Stephen R. **A sociologia na escola**. Porto: Afrontamento, 1989. p. 83-96.

AGOSTINHO, Santo. **Confissões**. Tradução de J. Oliveira Santos e A. Ambrósio de Pina. São Paulo: Nova Cultural, 1999.

ALBANO, Ana Angélica. **O espaço do desenho**: a educação do educador. São Paulo: Loyola, 2012.

ALCANTARA, Luz Marina de *et al.* Apresentação. *In:* ASSIS, Henrique Lima *et al.* (org.). **Educação das artes visuais na perspectiva da cultura visual**: conceituações, problematizações e experiências. Goiânia: Kelps, 2011. p. 7-10.

ALVES, Rubens. **O livro sem fim**. São Paulo: Loyola, 2002.

ARROYO, Miguel G. **Currículo, território em disputa**. Petrópolis, RJ: Vozes, 2012.

ASSIS, Henrique Lima *et al.* **Percurso histórico da Licenciatura em Artes Visuais na Universidade Federal de Goiás**. 2003. Trabalho de Conclusão de Curso (Licenciatura em Artes Visuais) – Universidade Federal de Goiás, Goiânia, 2003.

ASSIS, Henrique Lima. **Outros modos de ver**: imagens cinematográficas no ensino de artes visuais. 2007. Dissertação (Mestrado em Cultura Visual) – Faculdade de Artes Visuais, Universidade Federal de Goiás, Goiânia, 2007.

ASSIS, Henrique Lima. Arte: um currículo voltado para a diversidade cultural e formação de identidades. *In:* GOIÁS. Secretaria de Educação – SEDUC. **Currículo em debate**: Matrizes curriculares. Goiânia: SEDUC, 2009. p. 30-64. (Caderno 5).

BACHELARD, Gaston. **A poética do espaço**. São Paulo: Martins Fontes, 2000.

BACHELARD, Gaston. **A terra e os devaneios do repouso**: ensaio sobre as imagens da intimidade. Tradução de Paulo Neves. São Paulo: Martins Fontes, 2003.

BACHELARD, Gaston. **A poética do devaneio**. São Paulo: Martins Fontes, 2009.

BARBOSA, Ana Mae. **A imagem no ensino de arte**. São Paulo: Perspectiva, 2001a.

BARBOSA, Ana Mae. Prefácio. *In:* MANSON, Rachel. **Por uma arte-educação multicultural**. Tradução de Rosana Horio Monteiro. Revisão de Ivone M. Richter. Campinas, SP: Mercado de Letras, 2001b. p. 7-10.

BARROS, Manuel de. **Poesia completa**. São Paulo: Leya, 2010.

BARTHES, Roland. **Análise estrutural da narrativa**. Rio de Janeiro: Vozes, 1973.

BAUDRILLARD, Jean. **O sistema dos objetos**. São Paulo: Perspectiva, 1973.

BENJAMIN, Walter. **Rua de mão única**. Tradução de José Carlos Martins Barbosa. São Paulo: Brasiliense, 2011.

BENJAMIN, Walter. **Magia e técnica, arte e política**: ensaios sobre literatura e história da cultura. Tradução de Sérgio Paulo Rouanet. São Paulo: Brasiliense, 2012.

BERNARDES, Rosvita Kolb. Em cada canto, muitas histórias. Em cada canto, outros cantos. *In:* PEREIRA, Ana Cristina Carvalho (org.). **Atravessamentos**: ensino-aprendizagem de arte, formação de professores e educação infantil. Belo Horizonte: Escola de Belas Artes da UFMG, 2015. p. 77-84.

BOSI, Ecléa. **Memória e sociedade**: lembranças de velhos. São Paulo: Companhia das Letras, 1994.

BOSI, Ecléa. **O tempo vivo da memória**: ensaios de psicologia social. São Paulo: Atelier Editorial, 2003.

BRANDÃO, Carlos Rodrigues. **As flores de abril**: movimentos sociais e a educação ambiental. Campinas, SP: Autores Associados, 2005.

BRUNER, Jerome. **The process of education**. Cambridge: Harvard University Press, 1960.

CAMARGO, Isaac Antonio. **Vertentes para o ensino em arte visual**: em busca de caminhos possíveis. Londrina: Editora da UEL, 1997.

CANTINHO escondido. Intérprete: Marisa Monte. Compositor: Marisa Monte, Arnaldo Antunes, Carlinhos Brown e Cézar Mendes. *In*: UNIVERSO ao meu redor. Intérprete: Marisa Monte. Rio de Janeiro: Phonomotor, 2006. (3 min).

CENTRO de Estudo e Pesquisa Ciranda da Arte. O que é o Ciranda. **Ciranda da Arte**, 2015, p. 1. Disponível em: http://cirandadaarte.com.br/portal/?page_id=105. Acesso em: 3 set. 2015.

CORALINA, Cora. **Poemas dos becos de Goiás e estórias mais**. 14. ed. São Paulo: Global, 1987.

CORALINA, Cora. **Estórias da casa velha da ponte**. São Paulo: Global, 2014.

CORAZZA, Sandra Mara. Labirintos da pesquisa, diante dos ferrolhos. *In:* COSTA, Marisa Vorraber (org.). **Caminhos investigativos** – novos olhares na pesquisa em educação. Rio de Janeiro: DP&A, 2002. p. 105-131.

CUNHA, Renata Barrichelo; PRADO, Guilherme do Val Toledo. Percursos para enredar e convidar a pesquisar: breve apresentação. *In:* PRADO, Guilherme do Val Toledo; CUNHA, Renata Barrichelo (org.). **Percursos de autoria**: exercícios de pesquisa. Campinas, SP: Alínea, 2007. p. 7-12.

DERDYK, Edith. **Formas de pensar o desenho**. São Paulo: Scipione, 1989.

DEWEY, John. **Experiência e natureza**. São Paulo: Abril Cultural, 1980.

FLUSSER, Vilém. **Filosofia da caixa preta**: ensaios para uma futura filosofia da fotografia. Rio de Janeiro: Relume Dumará, 2002.

FREIRE, Paulo. **Pedagogia da autonomia**: saberes necessários à prática educativa. São Paulo: Paz e Terra, 1996.

FREIRE, Paulo. **Pedagogia do oprimido**. Rio de Janeiro: Paz & Terra, 2014.

FREITAS, Laura Villares de. O calor e a luz de Héstia: sua presença nos grupos vivenciais. **Cadernos de Educação** – UNIC – GPG, EdUNIC, Cuiabá, Edição Especial, p. 131-145, 2005.

GAGNEBIN, Jeanne Marie. Walter Benjamin ou a história aberta. *In:* BENJAMIN, Walter. **Magia e técnica, arte e política**: ensaios sobre literatura e história da cultura. Tradução de Sérgio Paulo Rouanet. São Paulo: Brasiliense, 2012. p. 7-19.

GOIÁS. **Programa curricular mínimo para o ensino fundamental** – Educação Artística 1ª a 8ª série. Goiânia: SEDUC, 1995.

GUERRA, Jacinto. Em Jataí, JK assume o compromisso de Brasília, patrimônio da humanidade. **Nós – Fora do Eixo**, 17 maio 2010. Disponível em: http://www.nosrevista.com.br/2010/05/17/em-jatai-jk-assume-o-compromisso-de-brasilia-patrimonio-da-humanidade/. Acesso em: 28 dez. 2015.

HALL, Stuart. **A identidade cultural na pós-modernidade**. Rio de Janeiro: DP&A, 2005.

HERNÁNDEZ, Fernando. **Catadores de cultura visual**: proposta para uma nova narrativa educacional. Porto Alegre: Mediação, 2007.

HIOLLENT, Michel. **Metodologia da pesquisa-ação**. São Paulo: Cortez, 2004.

JOSSO, Marie-Christine. Prefácio. *In:* SOUZA, Eliseu Clementino de; ABRAHÃO, Maria Helena Menna Barreto (org.). **Tempos, narrativas e ficções**: a invenção de si. Porto Alegre: EDIPUCRS: EDUNEB, 2006. p. 7-13.

JOVCHELOVITCH, Sandra; BAUER, Martin W. Entrevista narrativa. *In:* BAUER, Martin W.; GASKELL, George (org.). **Pesquisa qualitativa com texto, imagem e som**: um manual prático. Tradução de Pedrinho A. Guareschi. Petrópolis, RJ: Vozes, 2014. p. 90-113.

LACERDA, Regina. Poteiro. *In:* SILVEIRA, PX.; MACHADO, Betúlia (org.). **Arte hoje** – o processo em Goiás visto por dentro. Rio de Janeiro: Marco Zero, 1985. p. 169-172.

LARROSA, Jorge Bondía. **La experiencia de la lectura**: estudios sobre literatura y formación. Barcelona: Laertes, 1996.

LARROSA, Jorge Bondía. Notas sobre a experiência e o saber da experiência. Tradução de João Wanderley Geraldi. **Revista Brasileira de Educação**, Rio de Janeiro, n. 19, p. 20-28, jan./fev./mar./abr. 2002. Disponível em: http://educa.fcc.org.br/pdf/rbedu/n19/n19a03.pdf . Acesso em: 12 mar. 2024.

LEIBNIZ, Gottfried Wilhelm. **A monadologia**. Tradução de Marilena de Souza Chaui Berlinck. São Paulo: Abril Cultural, 1974. (Coleção Os pensadores, v. 19).

LEMES, Cláudia Graziela Ferreira *et al.* **História, memória e afetos**: 40 anos de Universidade Federal em Jataí [catálogo]. Jataí: Cegraf UFG, 2018.

MCLEISH, Kenneth. **A poética de Aristóteles**. Tradução de Raul Fiker. São Paulo: Editora UNESP, 2000.

MICHELAT, Guy. Sobre a utilização da entrevista não-diretiva em Sociologia. *In:* THIOLLENT, Michel (org.). Crítica metodológica, investigação social e enquete operária. São Paulo: Polis, 1980. p. 191-212.

MERLEAU-PONTY, Maurice. **O olho e o espírito**. Tradução de Paulo Neves e Maria Ermantina Galvão Gomes Pereira. São Paulo: Cosac Naify, 2013.

MORAES, Sumaya. Mattar. **Descobrir as texturas da terra**: formação inicial e práxis criadora do professor de arte. Tese (Doutorado em Educação) – Faculdade de Educação, Universidade de São Paulo, São Paulo, 2007.

MOSÉ, Viviane. **O homem que sabe**: do homo sapiens à crise da razão. Rio de Janeiro: Civilização Brasileira, 2012.

NIETZSCHE, Friedrich. **Obras completas**. Seleção de textos de Gerárd Lebrum. Tradução e notas de Rubem Rodrigues Torres Filho. São Paulo: Nova Cultural, 1987. (Coleção Os pensadores).

NIETZSCHE, Friedrich. **Ecce homo** – como alguém se torna o que é. Tradução, notas e posfácio de Paulo Cesar de Souza. São Paulo: Companhia das Letras, 1995.

NÓVOA, Antônio. Os professores e suas histórias. *In:* NÓVOA, Antônio. **Vidas de professores**. Porto: Porto Editora, 1992. p. 11-30.

PINTO, Suely Lima de Assis. **Memorial**. Apresentado ao Programa de Pós-Graduação em Educação da Universidade Federal de Goiás para avaliação parcial da disciplina Pesquisa e educação, sob orientação da Prof.ª Dr.ª Marília Gouvêa Miranda, 2002. [mimeo].

PINTO, Suely Lima de Assis. **Arquivo, Museu, Contemporâneo**. A fabricação do conceito de Arte Contemporânea no museu de Arte de Santa Catarina-Masc/SC. 2011. Tese (Doutorado em História) – Programa de Pós-Graduação em História, Universidade Federal de Goiás, Goiânia, 2011.

RICOUER, Paul. **Tempo e narrativa**. São Paulo: Papirus, 1997.

RICOUER, Paul. **A memória, a história, o esquecimento**. Tradução de Alain François *et al.* Campinas, SP: Editora da UNICAMP, 2007.

RILKE, Rainer Maria. **Cartas a um jovem poeta**. Introdução e tradução de Fernando Jorge. São Paulo: Hemus, [1969?].

ROLNIK, Suely. **Cartografia sentimental**: transformação contemporânea do desejo. Porto Alegre: Sulina: Editora da UFRGS, 2014.

SACRISTÁN, José Gimeno. Currículo e diversidade Cultural. *In:* SILVA, Tomaz Tadeu da; MOREIRA, Antônio Flavio (org.). **Territórios contestados** – O currículo e os novos mapas políticos culturais. Petrópolis: Vozes, 1995. p. 82-113.

SARAMAGO, José. **Todos os nomes**. São Paulo: Companhia das Letras, 1997.

SAUNDERS, Robert. Fazer arte-educação faz uma diferença no mundo. *In:* BARBOSA, Ana Mae (org.). **História da Arte-Educação**. A experiência de Brasília. I Simpósio internacional de história da arte-educação. São Paulo: Max Limonad, 1986. p. 60-71.

SCHÖN, Donald Alan. Formar professores como profissionais reflexivos. *In:* NÓVOA, António (org.). **Os professores e a sua formação**. Lisboa: Publicações Dom Quixote, 1992. p. 77-92.

SILVA, Tomaz Tadeu da. **Documentos de identidade**: uma introdução às teorias do currículo. Belo Horizonte: Autêntica, 2011.

SOUZA, Elizeu Clementino de (org.). **Autobiografias, história de vida e formação**: pesquisa e ensino. Salvador: EDUNEB: EDIPUCRS, 2006.

SOUZA, Elizeu Clementino de; MIGNOT, Ana Cristina Venâncio. História de vida e formação de professores: pontos iniciais. *In:* SOUZA, Elizeu Clementino de; MIGNOT, Ana Cristina Venâncio (org.). **História de vida e formação de professores**. Rio de Janeiro: Quartet: FAPERJ, 2008. p. 7-16.

SOUZA SANTOS, Boaventura de. **Um discurso sobre as ciências**. Porto: Afrontamento, 1996.

WAAL, Edmundo de. **A lebre com olhos de âmbar**. Tradução de Alexandre Barbosa. Rio de Janeiro: Intrínseca, 2011.

WEIL, Simone. **A condição operária e outros estudos sobre a opressão**. Seleção e apresentação de Ecléa Bosi. Tradução de Therezinha G. G. Langlada. Rio de Janeiro: Paz e Terra, 1996.